家族 vs 相続税

必要書類テンプレート付き
相続完了までをリアルにシミュレーション

清和税理士法人 著

実業之日本社

まえがき

　普通の人にとって、さほど考える必要のなかった「相続税」の問題が、誰しもが考えなければならない問題となりました。それが2013年税制改正大綱のためであるのは、この本を手にとっているみなさんに説明は不要かもしれません。

　かつて「相続税は、お金持ちが考えること」「自分とは無縁だ」と思っていた、一般のサラリーマン家庭にとっても、この改正で基礎控除額が大幅に縮小され、相続税は避けられない問題となっています。

　確定申告などが不要なサラリーマンには、税金について考えてみたことがある人も多くはありません。税金に対する基礎的な知識も特に必要なく、節税対策など他人ごとだったからです

　そうした人が、いざ相続となったとき、もろもろの手続きに期限があるなかでは、十全な対策を講じることに限界が生じてしまいます。

　この本は、被相続人（財産や権利義務を所有していた故人）となる肉親の入院から、死亡、そして相続までをリアルに体感できるようにつくられています。相続完了までを、時系列のなかで基礎的な考え方と、どのような手続きが必要かを解説しています。読者のみなさんは、読み進めながら相続をシミュレーションできるようになっています。同時に、必要書類のテンプレートも付けてありますので、記入しながら相続を実践・理解していくことが可能です。

　相続はまた"争族"とも呼ばれることをご存知でしょうか。ただでさえ時間がないなかで、人間関係のストレスを感じながら、相続を進めていかざるをえないことが往々にしてあります。相続が、普段は仲のよい、うまくいっている家族や親類関係を崩壊させかねないような不満を一気に噴出させうるものだからです。何気ない一言、普段からの行い、そうしたものが、相続の際にどのような影響があるものか。家族は、いかに団結して相続と対決しなければならないのかを、本書を読みながら、頭で理解するだけでなく心で感じていただければ、著者一同、望外の喜びです。

目次

まえがき

第1部　大山家の相続
～父の死から相続完了までの全記録～

「大山家の相続」登場人物 …………………………………………………… 12

第1話　長男：清彦編

- シーン1　父・二郎倒れる ………………………………………… 15
- シーン2　知人税理士への相談 …………………………………… 18
- シーン3　間違いだらけの税理士さがし ………………………… 24
- シーン4　父の死と葬儀と、相続の始まり ……………………… 27

第1話解説①　死亡後に必要な手続きを確認する …………… 30
　さまざまな手続き
　申告の期限に注意を
　〈相続の手続きリスト（期限付き）〉

第1話解説②　死亡から葬儀前後までに必要な手続き ……… 32
　7日以内に死亡届を提出する
　15歳以上の人が2人以上いたら世帯主の変更届を
　〈死亡から葬儀前後までに必要な手続き〉
　〈「死亡届」見本〉

**第1話解説③　安心して相続の相談が
　　　　　　　できる税理士を見極める** ……………………… 36
　相続の知識がほとんどない税理士も
　税理士の「相続案件経験」を確認する
　話を聞いてくれる姿勢が大切

　［記入シート］　信頼できる税理士を見極めるためのチェックリスト

第2話　長男の嫁：光代編

- シーン1　伯父さんが作った「相続人一覧」 …………………… 40
- シーン2　法定相続人は誰？ ……………………………………… 42

- **シーン3** 光代の不満 …………………………………………… 44
- **第2話解説①** 「誰が相続人なのか」を確認する ……………… 47
  法定相続人には順位がある
  「配偶者＋順位が上の家族」が法定相続人

[記入シート] 家系図

- **第2話解説②** 法定相続分を理解する …………………………… 50
  法律上、相続できる財産の割合が「法定相続分」
  配偶者に多くの権利が
  配偶者がいなければ子供が財産を相続
  〈法定相続分の割合〉

第3話　母：道子編

- **シーン1** 相続財産の確認へ ……………………………………… 53
- **シーン2** 父の"貴重品箱" ……………………………………… 55
- **シーン3** 祖父の名義のままだった不動産 …………………… 58

- **第3話解説①** 法定相続分を確定する …………………………… 61
  被相続人がもっていたすべての財産が相続財産
  被相続人の財産目録を作成する
  〈相続財産となるもの〉

- **第3話解説②** 生命保険金と死亡退職金の考え方 ……………… 63
  死亡保険金は相続財産とみなされる
  死亡退職金も「みなし相続財産」

[記入シート] 財産項目

第4話　伯父：一郎編

- **シーン1** 光代の憂い ……………………………………………… 66
- **シーン2** 遺産分割協議で生じた「事件」 …………………… 68
- **シーン3** 二郎が出せなかった手紙 ………………………… 73

| 第4話解説① | **遺産を分割する** ･････････････････････････････････ 78 |

遺産分割協議による分割が一般的
分割協議には法定相続人全員の合意が必要
調停でも合意しなければ家庭裁判所の審判を受ける

| 第4話解説② | **遺産分割3つのやり方** ･････････････････････････ 80 |

（A）財産を現物のまま分ける「現物分割」
（B）遺産を売却して代金を分ける「換価分割」
（C）不公平感を代価の交付で補う「代償分割」

| 第4話解説③ | **遺産分割協議書を作る** ･････････････････････････ 82 |

「誰が」「どの財産を」取得するかを明記する
法定相続人全員の署名と押印が必要
〈遺産分割協議書サンプル　(A) 現物分割の場合〉
〈遺産分割協議書サンプル　(B) 換価分割の場合〉
〈遺産分割協議書サンプル　(C) 代償分割の場合〉

[記入シート]　遺産分割協議書　①現物分割の場合
[記入シート]　遺産分割協議書　②換価分割の場合
[記入シート]　遺産分割協議書　③代償分割の場合

| 第4話解説④ | **遺言書を遺す** ････････････････････････････････････ 93 |

遺言書で相続の争いを避けられることも
容易に意志が遺せる自筆証言遺言
〈自筆証書遺言の訂正の仕方〉
確実に遺志を伝えられる公正証書遺言
〈証人になれない人〉

| 第4話解説⑤ | **遺言書では遺留分に注意** ･････････････････････ 97 |

法定相続人の権利を守る遺留分
相続財産が遺留分に満たなければ不足分を請求できる
遺留分には期限がある
〈遺留分の割合〉

第5話　母：道子編

シーン1	遺産物協議書が完成して ･････････････････････････････101
シーン2	「うちにも相続税がかかる？」････････････････････････103
シーン3	使ってしまったお金にも相続税が ･････････････････････106

- **第5話解説①** 相続税計算の全体像 …………………………… 110
  〈相続税の計算構造〉

- **第5話解説②** 相続税1　課税価格を計算する …………… 112
  課税価格が基礎控除額を超えたら相続税が発生
  生命保険金と死亡退職金には非課税限度額あり
  個人の債務は相続財産から引ける
  〈課税価格の計算の仕方〉
  〈相続財産の評価方法〉

- **第5話解説③** 相続税2　相続税額を計算する …………… 116
  法定相続分に基づく相続税を計算する
  〈相続税率〉
  実際の相続分に基づく相続税を計算する
  配偶者には相続税軽減制度あり
  〈「相続税申告書」見本〉

- **第5話解説④** 相続税のペナルティ税 ……………………… 121
  10カ月以内に納付しないと延滞税がかかる
  10カ月以内に申告しないと無申告加算税がかかる
  悪質な隠蔽・仮装には重加算税が発生
  〈相続税のペナルティ税率〉

- **第5話解説⑤** 相続した財産を売却する …………………… 124
  相続税申告期限から3年以内に売却した不動産には特例
  相続税の一部が不動産の取得費になる
  特例の利用効果を計算で確かめる

第6話　長男：清彦編

- **シーン1** 没後にわかった父の債務 ……………………………… 128
- **シーン2** 相続放棄という手段 …………………………………… 131
- **シーン3** 厳しい相続税延滞の要件 ……………………………… 135

- **第6話解説①** 債務の相続と相続放棄 ……………………… 137
  債務も含めてすべての財産を相続する
  法定相続分の債務を法定相続人は負う
  債務のプラスの財産も放棄する相続放棄
  相続放棄すると法定相続人が変わる
  債務もすべて相続する単純承認

| 第6話解説② | **延納と物納** ……………………………………………139 |

延期が認められる3つの要件
〈利子税の割合〉
生活費を引いても足らない分にのみ延納は認められる
物納にも厳しい規定がある

第7話　長女：晴子編

シーン1	凍結されていた二郎の預金口座 ……………………………143
シーン2	大山家の"争族"と意外な財産 ……………………………146
シーン3	税理士の決定 ………………………………………………152

| 第7話解説① | **死亡にともなって必要な名義変更手続き** ……154 |

実際に財産を分割して相続は終わる
名義変更しないと不動産の売却ができない
預貯金の相続には金融機関口座の名義変更・解約が必要
株式の名義変更は保管証券会社に依頼

[記入シート]　名義変更のチェックリスト
[記入シート]　名義変更に必要な主な書類チェックリスト

| 第7話解説② | **死亡にともなって必要な請求・停止手続き** ‥158 |

生命保険金を請求する
遺族年金を請求する

[記入シート]　請求手続きのチェックリスト
[記入シート]　停止・返納・退会手続きのチェックリスト

国民健康保険に加入なら葬祭費と埋葬料が支給
停止・返納・退会手続きが必要になるもの

| 第7話解説③ | **遺言の執行を委託する遺言信託** ……………………160 |

相続手続きをスムーズにする遺言信託
信託銀行などが遺言信託などの手続きを代行
遺言書の内容が確実に実行される
相続税の申告は税理士に相談
〈遺言信託の主なサービス〉

第8話　税理士編
- シーン1　紹介を受けた税理士 …………………………………………164
- シーン2　税理士としての責務 …………………………………………165

第8話解説① 相続関連手続きの タイムスケジュールを確認する …………169
　期限を守って手続きを進める
　相続税の申告・納付期限「10カ月以内」を念頭に
　〈相続関連手続きのタイムスケジュール〉

［記入シート］　相続関連手続きのタイムスケジュール表

第2部　賢い相続のための応用編

応用編解説① 暦年贈与を活用する ……………………………………176
　相続税と贈与税はワンセット
　年間110万円まで贈与税はかからない
　10年で1,000万円分の贈与が無税に
　贈与を受けた人が財産を管理する
　〈相続税の税率と控除額〉
　〈贈与税の税率と控除額〉

応用編解説② 相続時精算課税制度を活用する ………………………180
　2,500万円まで贈与税が非課税に
　60歳以上の親または祖父母が贈与する
　贈与税を受けた額は相続財産に加算する
　〈「相続時精算課税選択届出書」見本〉
　税金対策ではなく財産を先に渡せるのがメリット
　財産の価値が下がればその分不利に

応用編解説③ 教育資金一括贈与の非課税制度を活用する …183
　1,500万円までの教育資金が非課税
　信託銀行の口座に教育資金を入金
　お稽古ごとの月謝も適用の対象
　残額には贈与税がかかる
　〈教育資金一括贈与の非課税制度で認められる教育資金〉
　〈「教育資金非課税申告書」見本〉

応用編解説④ 小規模宅地などの特例を活用する ……………187
一定面積まで土地の評価額が減額
故人が同居していた宅地では、330㎡まで80％減額
故人が老人ホームに入っていても適用
賃貸マンションでは居住部屋だけが80％減額の対象

応用編解説⑤ 生命保険金の非課税枠を活用する ……………189
保険料の分、課税価格を抑えられることに
当座の資金としても有効
遺したい人に資産を遺す

応用編解説⑥ 生前に墓地・墓石を購入する ……………190
墓地・墓石代分のキャッシュが非相続財産に
老後の安心のためにも検討を

応用編解説⑦ 不動産の評価額減を活用する ……………191
賃貸物件は評価額が大きく下がる
1億5,000万円のアパートが半額近くの評価に
「入居者が入りやすく、売却しやすい」が必須条件
タワーマンションが相続対策には有効

あとがき

第1部
大山家の相続
〜父の死から相続完了までの全記録〜

第1部
「大山家の相続」登場人物

大山一郎 (65)
二郎の兄

清彦の伯父。みずから創立した貿易会社の代表取締役会長。若くして生家を出て、目黒の一軒家に居住。

大山光代 (32)
清彦の妻

1983年生。専業主婦。

大山誠一郎 (2)
清彦の長男

2013年生。二郎の入院中に誕生。

大山清彦 (32)
二郎の長男

1983年生。中小広告会社勤務。2010年、光代と結婚。3年後、長男・誠一郎誕生。都内マンションに住む。

ストーリー

介護施設に入居していた清彦の父・二郎が亡くなった。大山家の相続はそこから始まる。遺されたのは、1,000万円もの相続税、祖父の名義のままだった不動産、二郎の没後に発覚した債務と、凍結された預金口座…。

次々と発覚する問題に苦悩

大山二郎 (58)
清彦の父

1957年生。大手電機メーカーから出向。中堅部品メーカー取締役、営業部長。脳梗塞で昏倒。2カ月の入院後、3年間は介護施設で生活。本年、死亡。

大山道子 (56)
清彦の母

1959年生。二郎の妻。現在、娘・晴子と、世田谷の持ち家に同居。

同居

外川晴子 (28) 　二郎の長女

清彦の妹。1987年生。二郎の昏倒の数カ月前に離婚。実家に戻る。現在、母と同居。フリーランスの翻訳家。

離婚

外川香 (4) 　晴子の長女

2011年生。二郎が昏倒する2年前、大山家の初孫として誕生。

する大山家の遺族。税理士も頭を抱える難題続きの大山家の相続は、二郎が遺した意外な財産によって解決へと向かっていく。

これは、ごく普通の家庭を舞台にした、相続との葛藤を描いた物語である。

※「大山家の相続」はフィクションです。

大山家の相続

第1話

長男：清彦編

第1話　長男：清彦編

シーン1
父・二郎倒れる

　大山家の長男・清彦は、今でもその日のことを忘れることができない。
　清彦は、都内の中堅広告代理店に勤める広告マンだ。営業部雑誌課の課長になって2年。課長としての仕事にも慣れてきたところだった。
　その日もいつものように、大口クライアントである化粧品会社の担当と出稿スケジュールの打ち合わせをしていた。その最中、身重の妻・光代から携帯に着信があった。
　光代は、よほどのことがない限り仕事中に電話はかけてこない。
「何かあったのか」
　嫌な予感がしたが、業務時間中ということで電話に出るわけにはいかない。
　すると、今度はメールが入った。携帯でカレンダーを見るフリをして、妻からのメールを確認する。
「仕事中、ごめんなさい。でも、大変なことが起きたの。お義父さんが倒れたって。とりあえず、お義母さんの居る○○病院にいきます」
　清彦は早々に打ち合わせを切り上げて、光代が電話で言っていた病院に向かうことにした。早く、早く病院にと気持ちがあせる。タクシーを止めて、上の空で乗車、気付いたときには運転手に行き先を告げていた。
「オレはどうすればいいんだ？、いや、長男のオレがしっかりし

ないでどうする」
　気持ちが混乱し、清彦は改めて父親の存在の重さに気づくのであった。
　病院に着くと、病室には生気のない顔をした父・二郎がベッドで眠っていた。その傍らに母の道子、妹の晴子、そして妻の光代がいた。道子はパイプ椅子に腰掛けていたが、晴子と光代は二郎のベッドから離れた病室の入口に立っていた。
　清彦は、戸惑った表情を浮かべる家族の光景にただ立ちつくすだけだった。
　しばらくすると、医師が病室にあらわれ、「ご長男様ですか？よろしければ、お母様もご同席の上、少しお話したいのですが」と清彦と道子に声をかけた。「今後のことで」と言わなかったのは、病室の雰囲気を察したからかもしれない。
　医師に言われるまま、ナースセンター脇の長椅子に腰を下ろすと、医師の口から淡々と病状が説明された。脳梗塞だという。道子は、途方に暮れた表情で「なぜ、お父さんが？」とつぶやいた。あとは、「お父さん、お父さん……」とうわごとのように繰り返している。
「大丈夫です。今すぐ命に別状はありません」
　そう答える医師に、清彦は「親父は、元の生活にもどれるんでしょうか？」と聞いていた。それが、自分が一番知りたかったことなのかもしれない。声に出してみて清彦は気がついた。医師は、そんな清彦に複雑な表情を浮かべながら、静かに言った。
「手術が成功すれば元の生活に戻れるかもしれません。ですが、なんらかの障害が残る可能性があります」
　長年連れ添った妻・道子が受け止めるには辛すぎる言葉だった。

第1話　長男：清彦編

　呆然とする清彦の傍らで、道子は「どうしよう、どうしよう」とつぶやきながら、涙を流し始めた。

　　　　　　　＊　　　　＊　　　　＊

　その後、道子の懸命な介護もあって、二郎は順調に快復していった。だが医師の警告通り、言語障害が残り、右半身も自由に動かせない状態である。今はリハビリに専念しているため、リハビリセンターの職員に面倒を見てもらっているが、いずれは家族の誰かが父親の面倒を見なければならないだろう。その事実が、長男である清彦の胸に重くのしかかっていた。
　家には、母の道子、妹の晴子、晴子の子の香の3人がいる。1年前に離婚した晴子はフリーランスの翻訳家として生計を立てており、仕事と幼い香の育児で手いっぱいだ。
　リハビリセンターから通知された退所日は、2週間後に迫っている。自分の運転する車で、リハビリセンターから道子と帰る途中、清彦は思い切って切り出した。
「お母さん、これから、どうする？」
「どうするって何を？」と窓の外の景色を眺めていた道子は、突然言われたことの意味が飲み込めないのか、気のない口調で答える。
「親父のことだよ。面倒みられるの？　あんな広い家に女ばっかりで、親父の面倒みていける？」
　清彦は道子のそんな言い方に少しイライラしながら一気に言った。
　その瞬間、道子の口から大きなため息が漏れた。

「どうしようかしら……。晴子は忙しいし」
「そうだよね」
「お父さんの面倒って……。私も正直、自信がないわ」
「わかった」清彦は話を切り上げるように言った。「どこかいい介護施設がないか探してみるよ」
　清彦のひと言に道子はほっとしたような表情を浮かべ、また窓の外の景色に目をやった。

シーン2
知人税理士への相談

　脳梗塞患者を受け入れている介護施設がすぐに見つかったのは、運が良かったのかもしれない。清彦の会社の取引先で、介護専門施設のウェブページを製作しているプロダクションがあったのだ。そのツテで施設を紹介してもらい、担当者の好意で優先的に二郎を受け入れてもらったのだった。しかし、清彦はいささか費用が気になっていた。相場はよくわからないが、安いとは思えない。
　とにかく、二郎はそこで療養生活に入った。介護施設は郊外にあり、母の道子や妹の晴子が住んでいる世田谷の家からはすこし離れている。
　週末は、清彦が送り迎えをする。平日に道子や晴子が様子を見にいくときには、清彦の妻の光代が車を出す。そういった流れが、

第1話　長男：清彦編

誰に頼むでもなく自然にできていった。
　世田谷の家から施設までの行き帰り、母と妹と雑談するのが最近の清彦の息抜きになっているのは、家族が二郎の介護に慣れたからなのか？　そんなことを思いながら、清彦は道子に話しかけた。
「こんなにお母さんと話すようになったのは、何年ぶりかな」
「そうだわね。今日は休んでもらっているけど、光代さんにはいつも面倒かけるわね。ありがとう」
「いいんだよ、お母さん。光代は時間あるんだから」
「ちょっと相談があるの。こんな話するの嫌だけど、お父さん、働くのはもう無理かもしれないと思って。だって、脳梗塞って再発の可能性あるし、いつどうなるかわからないっていうじゃない？」
　くつろいでいた雰囲気を一変させるような、道子の突然のひと言だった。
「うん？」
　清彦は何でもないかのようにあいづちをうった。
「そうなったら、私の生活はどうなるのか、と思って。実はね、私、どれぐらいお父さんの蓄えがあるのか、知らないのよ」
　道子の不安そうな表情を察した妹の晴子が、言葉を継いだ。
「お母さん、それって大丈夫？　ちゃんと確認しておいたほうがいいんじゃないの？」
「そうだけど、でも、どうしたらいいか……」
　途方に暮れた表情を浮かべる道子。晴子が突然、清彦のほうを向いて尋ねた。
「お兄ちゃん、暇ある？」

19

「えっ、突然なんだよ？」
「私、お母さんの今の話を聞いて、やっぱり私の考えは間違ってなかったと思ったの。実はね、私、ネットでお父さんにもしもの場合があったときのためにって税理士さんを探していたの。で、今度一緒に相談に行ってもらいたいの。お母さんのために、お父さんの財産のこととか。で、仮にお父さんが亡くなって相続とかが起こったときのことも聞いておいたほうがいいと思って」
　晴子はあっけに取られる道子に気付かず、一気にまくしたてた。
「おいおい、晴子、落ちつけよ。それに相続？　お父さんはまだ生きているんだぞ。縁起でもない」
　それでも晴子はひるまない。
「でも、法律がかわって相続税の対象が広がって大変みたいだって、ネットに出てたよ。お母さんだけじゃなく、私も実は不安なの。お兄ちゃんが税理士さんに相談するのが抵抗あるっていうなら、知り合いでもいい。ほら、お父さんの大学時代の同級生に税理士さんがいたじゃない？　1回うちにも遊びに来たことがある……」
「山田先生？」
「そう、山田先生。お兄ちゃん、私の代わりに電話してみてくれない？　お兄ちゃんのほうが山田先生と親しかったでしょ？」
「えっ、オレが？　仕方ないなぁ。山田先生かぁ……。わかったよ。月曜に電話してみる」
　なかば晴子の勢いに押されたような感じで、清彦は頼みに応じた。税理士に相談って、道子も晴子も親父がいなくなったときのことをもう、考えているのか？　のんびりしているのはオレだけか？　と思いながら——。

＊　　　＊　　　＊

　清彦は、月曜の昼休みを利用して、山田税理士の事務所に電話をかけた。
「もしもし」
「はい。山田税理士事務所です」
「私、大山二郎の長男の清彦といいます。父が山田先生に随分お世話になりまして、ご連絡させて頂いたのですが。今、先生はいらっしゃいますか」
「はい、おります。少々お待ちください」
　しばらくすると、聞き覚えのある声が聞こえてきた。
「山田ですが」
「ご無沙汰しております。清彦です」
「おお、清彦君か。久しぶりだね。お父さんのことは、大学時代の友達から聞いているよ。一度、見舞いに行きたいと思っていたんだが、なかなか忙しくてね。すまん、連絡をもらってしまって。どうだい、その後は」
「言葉に多少の不自由はありますが、まずまず元気にしていますよ。喜ぶと思うので、顔を見に行ってやってください」
「うん。そうするよ」
「ところで、実は、お願いがありまして。今すぐというわけではないんですが、いずれ自分たちにも相続の問題が起こると思うんです。一度、先生にお話をお伺いしたいと思うのですが、ご都合はいかがでしょうか？」
「なるほどね。そうだね、そういった問題は起こるかもしれない

ね。でもね、清彦君、残念だけど、僕は法人税が専門でね。相続税はあまり詳しくないっていうのが本当のところなんだ。もちろん、清彦君の頼みとあれば引き受けるけど、適任とはいえないかもしれないなぁ」
「そうなんですか？　山田先生は税理士だから、税金のことは何でも知っていると思っていました」
「税理士は、税目ごとに専門が分かれているようなものだからね。僕みたいに、相続の手続きは経験がないという税理士も少なくないよ」
「そうなんですか」
「一度でも経験があれば、アドバイスもできると思うんだけどね。でも、できる限り力になるよ。それで、ややこしい話になってきたら相続に詳しい税理士に相談する、ということでどうかな？　別に、今すぐ相談しないっていうことでもないんだろう？」
「そうなんですよね。山田先生には正直に言いますけど、実は妹の晴子が妙にあせってるみたいで……。先生のおっしゃる通り、何かあったら連絡します。お忙しいなか、ありがとうございました。あ、それと父がいる施設の住所をメールで送っておきますので、ぜひ父に会いに行って下さい」
「ありがとう。近々お邪魔させてもらうよ」

　山田税理士との電話のあと、清彦は晴子に事の次第を伝えた。
「そういうわけで、山田先生は別に急がなくても、という感じだったよ。もし晴子がどうしても相談したいっていうのなら、他の税理士を探さないといけないんだ。お母さんとも相談して、どうするか決めてくれ。オレはどっちでもいいよ」
「山田先生で決まり、と思っていたのになぁ……。税理士でも専

門分野があるって、意外。税金のことなら何でもわかってるって思ってたけど」
「オレも驚いたよ。でもさ、晴子だって専門あるだろ？　それと同じなんじゃないの？」
「そうか。英語のビジネス翻訳やってる私が、フランス語の文芸翻訳をお願いされるようなものか」
「そうそう、そんな感じかもね」
「お兄ちゃん、私、やっぱり、相続を専門にやっている税理士さんに相談したい。お兄ちゃんは忙しいかもしれないけど、私がネットで探した相続に強そうな税理士さんのところに、一緒に行ってみてくれない？」

　晴子はきっぱりした口調で清彦に言った。そういうときの晴子に何を言っても無駄なことは、兄である清彦が一番よく知っている。
「そうか、わかった。この件は晴子に任せる」
　やれやれ、やっぱり晴子は自分が思った通りのことをやるんだな、と思いながら覗き込んだ時計は、ランチタイムが30分を切っていることを示していた。近くのハンバーガーショップに駆け込むと、途端におなかが鳴った。

シーン3
間違いだらけの税理士さがし

「ここが、私のお勧めの税理士事務所よ」
　晴子は、ホームページをプリントアウトした地図を隣に座った清彦に渡した。一番上には、「相続のことならお任せください」と大きく書かれている。土曜の昼下がりの電車は、家族連れやカップルでにぎわっていて、清彦は自分たちのしている会話が場違いなように思えるのは気のせいか。自然に声が小さくなる。
「晴子が見つけた税理士さんだから。今日のところは、オレは付き添いってことで」
「また、そんなことを言って。真面目に聞いてよ。いい？　ここの事務所、ホームページがとてもよくできているのよ。『ご相談はお気軽に』って書いてあったからフリーダイヤルに電話したら、対応に出た女の人の感じもよかったし。まず最初に行くならここかなって思ったわけ。あ、この駅だわ」
　晴子と待ち合わせたターミナル駅から20分ほど乗ると、最寄りの駅に着いた。駅の目の前、ガラス張りのオフィスビルの22階にその税理士事務所はあった。
　受付に来意を告げると、応接室に案内される。
「なんか緊張するね。ねぇ、お兄ちゃん、このソファふかふかだよ。それにすごく豪華な会議室」
「そうか、オレはいつもこういうところで会議してるから別に、って感じだけど。晴子は家で仕事してるから落ち着かないんじゃな

第1話　長男：清彦編

いか？」と軽く晴子をからかって運ばれたお茶をすすっていると、ドアが開いて40歳位の身なりの良い男性が現れた。
「本日は、ご足労いただきありがとうございます。私、大山様を担当させていただく吉川と申します。よろしくお願い致します」
「よろしくお願いします」
　思わず晴子と清彦はソファから立ち上がり、声を合わせて頭を下げた。頭を下げるつもりはなかったが、瞬時にそうしてしまったのだ。そうさせるほど、この税理士はとりつく島もない印象を人に与える。晴子の「見立て」は間違っていたのかもしれない、と清彦は感じた。そして会話を重ねていくほど、その予感は的中した。
「早速ですが、こちらが相続関係の書類になります。大山様は配偶者様、お子様2人の相続だとうかがっておりますが」
「はい……」
「法定相続人の確認をしますので、まずこちらの表にご記入いただけますでしょうか」
　表には、親族の名前と生年月日、現住所を書くようになっていた。
「晴子、伯父さんの生年月日知ってるか？」
「知らないわよ」
「住所は？」
「家に帰ってパソコンの住所録見ないとわからないわ」
　覚えていないのは、清彦も同じだった。
「では、ご自宅にお持ち帰りになって、ご記入して頂いても結構でございます。それと、こちらが家系図と財産目録になります。書き方は、中のファイルに入っています」

「財産目録って、親父のですか?」
「さようでございます」と当たり障りのない笑みを浮かべて吉川がうなずく。
「あの……。すみません、私たち、まったくの素人なんです。それに、こういうのって税理士の先生が作ってくれるんじゃないんですか?」
晴子は、思わず聞き返していた。
「失礼ですが」と、吉川は相も変わらず笑みをたやさず、言葉を続けた。吉川の口から発せられたのは、「まったくの素人」と自負する晴子には信じられないひと言であった。
「お宅様の相続ですよね。私どもは相続人の依頼で手続きをするので、きちんと書類を用意してもらわないと作業ができません。お渡しした書類にご記入いただけば、こちらのパック料金で承ります。もちろん強制ではございませんが、本日会員登録して頂けるのであれば、実際に相続が発生したときにパック料金からのお値引きが可能になります」
「あの……、今日は相談だけに来たつもりだったんです。だって、ホームページにも『ご相談はお気軽に』って書いてあったし、電話に出た女の人も『どうぞご遠慮なく』って言ってくれました……。なので素人にもわかりやすく、大まかな流れだけでも説明して頂けませんか?」
晴子は、自分の見立てが間違っていないことを清彦にアピールするように、必死に吉川に食い下がる。だが、吉川はそんな晴子を冷ややかに一瞥して、言う。
「そうですか。わかりました。大山様の場合、相続までにはまだ時間がありますので、相続が発生してから、財産目録をお作りに

第1話　長男：清彦編

なればよろしいでしょう。相続財産は、相続が発生するまで確定しませんからね。相続が発生して、お渡しした書類にすべて記入した時点でご連絡ください。私どもがお手伝いして書類を作成することもできますが、先ほど申し上げたパック料金よりは割高になります。やはり、お宅様ご自身でお作りになられたほうがいいと思います」

フンッと吉川は鼻を鳴らした。

清彦になら いつでも反論できる晴子が、吉川には太刀打ちできそうにないと悟ったか、悔しそうに唇を噛みしめた。そんな晴子に清彦は気づいた。

「お宅様ご自身で、ってか」と、そんな晴子の無念な気持ちを代弁するように清彦は軽く悪態をついた。多分、吉川の耳にも届いたに違いない。吉川の豪快なフンッと鼻を鳴らす音が、豪華な会議室にこだました。

シーン4
父の死と葬儀と、相続の始まり

晴子と税理士事務所を訪ねてから、2年が経っていた。税理士事務所からもらった書類は、忙しさにかまけて清彦の机の上の棚に放り込んだままになっていた。書類の存在も忘れかけていたそんなある日、介護施設から電話が入った。

「お父様の容態が急変しました。いま救急車を呼んでいます」

虫の報せというのだろうか。清彦は携帯電話を耳にあてた瞬間に血の気が引くのを感じ、そして何かが唐突に終わったような衝撃を受けた。

二郎は、脳梗塞が再発して倒れて3日後に亡くなった。

2年前からある程度覚悟していたこととはいえ、清彦にとっても急な事態だった。しかし泣き濡れている母の道子は頼りにならず、葬儀の喪主はかろうじて務めることになったものの、葬儀社との打ち合わせやさまざまな手続きは清彦が進めることになった。

会社の規定では、一親等の葬儀でも2日しか休みが取れない。亡くなった翌日の木曜日に通夜を行い、翌金曜日は葬儀、告別式、納骨。初七日の法要も葬儀と一緒に済ませた。

この2日間はろくに寝ることもできず、疲れが溜まっていたが、週末には諸手続のための書類を作成した。

死亡届は、医師が発行した死亡診断書の左側に付いている。死亡届は、死体火葬許可証交付申請と一緒に、死亡を知った日から7日以内に提出することになっている。

二郎は介護保険の対象だったため、介護保険資格喪失届を提出しなければならず、世田谷の家の世帯主だったので世帯主変更届も必要となる。どちらも期限は死亡から14日以内だが、死亡届と一緒に提出することも可能と聞き、前日の納骨のあとに妻の光代が区役所で書類をもらってきていた。

「書く欄は全部埋めておいたから、週明けにまとめて区役所に持っていってくれるかな」

「お疲れさま。明日はゆっくり休んでね」

第1話　長男：清彦編

「ありがとう。そうするよ。葬儀のときは慌ただしくて、あまり家族で話ができなかっただろう。来週の日曜、いつものイタめし屋の2階に集まって親父の思い出話でもしようかと思ってるんだ。お母さんと晴子、一郎伯父さんにはもう声をかけておいたから」
「うちの誠一郎とお義姉さんのところの香ちゃんも合わせて7人かしら」
「うん。昼の12時からで、イタめし屋に電話しておいて」
　役所への届出も無事に済ませたことだし、久しぶりにのんびりできるかな？と思ったのもつかの間、ここからが波乱含みの大山家の相続の始まりだった。

第1話解説①
死亡後に必要な手続きを確認する

☑ さまざまな手続き

　相続がむずかしく感じられる理由のひとつに、「どのような手続きが必要かがわかりにくい」ことが挙げられます。

　相続には、各種の申告や届出、書類の作成など、さまざまな手続きが必要になります。右ページに、死亡してから行うべき手続きをまとめておきました。相続の対象となる財産や権利、義務を所有していた方（以下、**被相続人**といいます）が死亡した日が、手続きの始まり。まず最初に行うのが、死亡届の提出です。そこから相続税の申告・納付まで、どのような手続きがあるかを確認しておきましょう。

☑ 申告の期限に注意を

　注意したいのは、これらの手続きの多くには期限があるということです。期限がすぎると、利用したい制度でもその制度が使えなくなったり、余分に税金を払うことになったりすることがあります。

　たとえば、被相続人に債務があった場合などに相続を放棄できる「相続放棄」という制度があります。この制度は、被相続人が亡くなってから3カ月以内に家庭裁判所に申立てをしないと利用できません。

　また、相続税の申告は被相続人が亡くなってから10カ月以内に行うことになっており、10カ月を過ぎてから申告すると延滞税がかかります。延滞税は本来の納付額に対して最大で年率14.6％かかるため、無視できません。遺産の分割協議も相続税申告の準備も、この**10カ月という期限を念頭に置いて進める**ようにします。

第1話　長男：潔彦編

相続の手続きリスト（期限付き）

相続税申告・納付までの手続き	
死亡届の提出	7日以内
年金受給停止手続	10日以内
介護保険資格喪失届	14日以内
世帯主変更届	
遺言書の有無の確認	3カ月以内
法定相続人の確認	
財産目録の作成	
相続放棄・限定承認の手続き	
故人の所得税等の準確定申告	4カ月以内
遺産分割協議	10カ月以内
遺産分割協議書の作成	
相続税額の計算	
相続税の申告・納付	

相続財産の分割	
相続財産の名義変更（不動産、金融機関口座、株式など）	すみやかに
相続財産の売却（不動産、株式、自動車など）	
相続財産の受け渡し（書画・骨董宝飾品など）	

その他	
各種請求（生命保険遺族年金など）	すみやかに
各種名義変更（公共料金引き落とし口座、NHK受信料など）	
各種停止・返納・退会（健康保険、運転免許証、パスポートなど）	

第1話解説②

死亡から葬儀前後までに必要な手続き

☑ 7日以内に死亡届を提出する

　亡くなったあとは、葬儀の準備などで慌ただしくなります。必要な手続きを忘れないようにしましょう。

　死亡したらまず必要なのは、死亡届の提出です。死亡届は、死亡の事実を知った日から7日以内（国外で死亡した場合は3カ月以内）に、**死亡地・本籍地・住所地いずれかの市区町村の戸籍・住民登録窓口に提出**します。

　死亡届書は、死亡診断書（死体検案書）と1枚つづりになっています。通常、死亡届書の右側半分の死亡診断書に医師が記入したものを病院から渡されます。左側半分の死亡届に必要事項を記入し、届出人の印鑑をもって市区町村の戸籍・住民登録窓口に届け出ます。

　このとき、「死体火葬許可証交付申請」も併せて行います。死体火葬許可証交付申請書が市区町村の窓口にありますので、所定事項を記入して提出します。提出後、火葬するときに必要な死体火葬許可証が交付されます。

☑ 15歳以上の人が2人以上いたら世帯主の変更届を

　葬儀前後までに行う手続きには、そのほか「**年金受給停止手続**」「**介護保険資格喪失届**」「**世帯主変更届**」があります。

　年金受給停止の手続期限は死亡から10日以内（国民年金は14日以内）、介護保険資格喪失届と世帯主の変更届は死亡から14日以内です。

　世帯主の変更届は、被相続人が世帯主だった場合に必要です。ただ、配偶者と2人だけで住んでいた場合など、**世帯が2人で構成されていた場合は自動的に世帯主が変更されます**。そのため、世帯主の変更届は必要あり

ません。被相続人以外に、15歳以上の人が2人以上いたときのみ、新しい世帯主を市区町村に届け出ます。

死亡から葬儀前後までに必要な手続き

	期限	手続先	必要なもの
死亡届	死亡を知った日から7日以内（国外にいる場合は3カ月以内）	死亡地、本籍地、住所地のいずれかの市区町村の戸籍・住民登録窓口	医師による死亡診断書、届出人の印鑑
死体火葬許可証交付申請	死亡を知った日から7日以内（国外にいる場合は3カ月以内）	死亡地、本籍地、住所地のいずれかの市区町村の戸籍・住民登録窓口	死体火葬許可証交付申請書
年金受給停止手続	死亡から10日以内（国民年金は14日以内）	社会保険事務所、または市区町村の国民年金課などの窓口	年金受給権者死亡届、年金証書または除籍謄本など
介護保険資格喪失届	死亡から14日以内	市区町村の福祉課などの窓口	介護保険証など
世帯主変更届	死亡から14日以内	市区町村の戸籍・住民登録窓口	届出人の印鑑と本人確認できる証明書類（免許証、パスポートなど）

※参照：「葬儀支援ネット」ホームページ

「死亡届」見本

死　亡　届	受理　平成　年　月　日　　　　発送　平成　年　月　日
平成 21 年 1 月 9 日届出	第　　　　号
東京都千代田区 長 殿	送付　平成　年　月　日　　　　　　　　　　　　長印
	第　　　　号
	書類調査　戸籍記載　記載調査　調査票　附票　住民票　通知

(1)	（よみかた）	みんじ　　　いちろう	**記入の注意**
(2)	氏　名	民事　一郎　　☑男　□女	鉛筆や消えやすいインキで書かないでください。
(3)	生年月日	昭和23年12月14日　□午前　　時　分／□午後	死亡したことを知った日からかぞえて7日以内に出してください。
(4)	死亡したとき	平成 21 年 1 月 9 日　☑午前 4 時 10 分／□午後	届書は、1通でさしつかえありません。
(5)	死亡したところ	東京都港区虎ノ門1丁目1 番地 1号	
(6)	住　所（住民登録をしているところ）	東京都千代田区霞が関1丁目1 番地 1号／世帯主の氏名 民事一郎	
(7)	本　籍（外国人のときは国籍だけを書いてください）	東京都千代田区丸ノ内1丁目1 番地／筆頭者の氏名 民事一郎	「筆頭者の氏名」には、戸籍のはじめに記載されている人の氏名を書いてください。
(8)(9)	死亡した人の夫または妻	☑いる（満60歳）　いない（□未婚　□死別　□離別）	内縁のものはふくまれません。 □には、あてはまるものに☑のようにしるしをつけてください。
(10)	死亡したときの世帯のおもな仕事と	□1.農業だけまたは農業とその他の仕事を持っている世帯 □2.自由業・商工業・サービス業等を個人で経営している世帯 ☑3.企業・個人商店等（官公庁は除く）の常用勤労者世帯で勤め先の従業者数が1人から99人までの世帯（日々または1年未満の契約の雇用者は5） □4.3にあてはまらない常用勤労者世帯及び会社団体の役員の世帯（日々または1年未満の契約の雇用者は5） □5.1から4にあてはまらないその他の仕事をしている者のいる世帯 □6.仕事をしている者のいない世帯	
(11)	死亡した人の職業・産業	（国勢調査の年…　年の4月1日から翌年3月31日までに死亡したときだけ書いてください） 職業　　　　　　　　産業	死亡者について書いてください。 届け出られた事項は、人口動態調査（統計法に基づく指定統計第5号、厚生労働省所管）にも用いられます。
	その他		
届出人	☑1.同居の親族　□2.同居していない親族　□3.同居者　□4.家主　□5.地主 □6.家屋管理人　□7.土地管理人　□8.公設所の長　□9.後見人 □10.保佐人　□11.補助人　□12.任意後見人		
	住所	東京都千代田区霞が関1丁目1 番地 1号	
	本籍	東京都千代田区丸ノ内1丁目1 番地／筆頭者の氏名 民事太郎	
	署名	民事太郎　　印　昭和51年12月28日生	

事件簿番号	

第1話　長男：潔彦編

死亡診断書（死体検案書）

氏名	民事一郎	男	生年月日	昭和 23 年 12 月 14 日
死亡したとき	平成 21 年 1 月 9 日 午後 4 時 10 分			
死亡したところ	東京都港区虎ノ門1丁目1　○○○○病院			

死亡の原因
- (ア) 直接死因：脳出血　発病から死亡までの期間：10時間
- (イ) (ア)の原因：動脈硬化症　40月

病院、診療所若しくは介護老人保健施設等の名称及び所在地又は医師の住所：
東京都港区白金台1丁目3　6番
氏名　医師　法務　康

法務省ホームページより

第1話解説③
安心して相続の相談ができる税理士を見極める

☑ 相続の知識がほとんどない税理士も

税理士というと、「税務に関する全般的な知識を持っている人」というイメージがあるかもしれません。

しかし、ストーリーの大山家の知り合いの税理士のように、相続税の税務を行ったことがなく、知識を持ち合わせていない税理士もいます。

税理士の資格試験では、法人税、所得税はいずれか選択必修科目になっていますが、相続税は消費税などとともに選択科目です。そのため、相続税の知識がまったくなくても、税理士の資格を取得することができるからです。

法人税や所得税を専門に扱っている税理士は、相続税には精通していない可能性があります。また、**相続税の案件を一度も手掛けたことがないこともありえます。**

必ずしも「税理士だから、相続のことは任せておいて大丈夫」とは限らないのです。

> **ワンポイントチェック**
> **税務署OBの税理士が相続に詳しいわけではない**
>
> 23年以上税務署に勤務した国税従事者は、指定の研修を受ければ試験を受けることなく税理士の資格を得ることができます。税務署の職員も専門性が高く、法人税なら法人税のみを担当していることがあります。そのため、税務署OBの税理士でも相続税に関して専門的な知識を有していない場合があります。

☑ 税理士の「相続案件経験」を確認する

　安心して相続の相談ができる税理士を見極めるには、まず「相続案件を担当した経験」を確認することが大切です。

　相続の案件を１件でも扱うためには、相続に関する全般的な知識が必要です。何十件とやっていなくても構いません。案件を年に２、３件でも扱っていれば、基本的にその税理士は相続に関する知識を持っていると考えられます。

　紹介などを受けたら、最初に**「いままでどのような相続の相談を受けられましたか？」**と聞いてみましょう。「先日のご家族は分割協議でなかなか意見が合わず大変でした」などと具体的な答えがすぐに返ってくれば、相続の経験があると見ることができます。

　「うちはいろいろやってますから大丈夫です」などとあいまいな答えが返ってきたら、「いろいろって、どのようなものですか？」と細かく聞いていきます。もちろん名前などプライバシーに関することは明かせませんが、案件を手掛けていれば何らかの説明ができるはずです。それでもはぐらかされるようでしたら、その税理士は避けたほうが無難です。

☑ 話を聞いてくれる姿勢が大切

　税理士には、財産や血縁関係など家族のプライバシーの深い部分を話すことになります。また、家庭の事情について相談したいことも出てくると思います。

　ですから、事務的に処理しようとする税理士ではなく、**話をじっくりと聞いてくれる姿勢を持っている人**を選ぶことが相続をスムースにするコツです。

記入シート [信頼できる税理士を見極めるためのチェックリスト]

	YES	NO
相続の案件を年に3件以上担当している	☐	☐
家族の事情に関心を持ち、話を聞いてくれる	☐	☐
フランクに話ができる	☐	☐
料金を明確に提示する	☐	☐
「忙しくて相談の時間が取れない」といわない	☐	☐

すべて YES なら、信頼して相続の相談ができる税理士（あくまで目安です）

大山家の相続

第2話

長男の嫁：光代編

第 1 部 | 大山家の相続・全記録

シーン1

伯父さんが作った「相続人一覧」

　次の日曜日の昼。世田谷の家近くにある「いつものイタめし屋」の２階に、大山家の人々が集まっていた。
　清彦の妻・光代が、伯父・一郎のグラスにビールを注いだ。
「おお悪いね、光っちゃん。今日は気を遣わないでいこうよ」
　一郎は、二郎の７つ上の兄である。大学を出て大手電機メーカーに入った二郎とは違い、一郎は高校を出てすぐ働きに出た。30歳で独立して仲間と小さな貿易会社を立ち上げ、100人規模にまで成長させた立身出世の人である。
「俺は、高校を出てすぐ働きに出たじゃない。で、自分で言うのもおこがましいと思うんだけどさ、そりゃあ、いろいろ苦労したんだよ。二郎にはそんな思いをさせたくなくてね。あいつを大学に行かせたい一心で、俺は一所懸命、働いたんだ」
　一郎はビールを一気に飲み干して続ける。
「二郎は真面目だったからね。浪人せずに大学に行って、それなりの会社に入って、子会社の取締役にまでなって。あと少しで悠々自適の日々だったのにな。趣味のお茶でものんびりやって」
「定年まではまだ少しありましたけどね。『退職したら、一緒に窯元めぐりをするか』なんて話を時々してましたよ」
　夫との老後の生活を楽しみにしていた道子は、寂しそうにお茶をすすった。案の定、料理には箸が付けられていない。
「たしかに、お父さんは温泉も好きだったわね。子供の頃、連れ

て行ってもらったときの写真がまだ残っているわ」
　長女の晴子にも、二郎との思い出がたくさんある。しばらく思い出話に花が咲いたところで、「そろそろ失礼しないとな」と言いながら、赤ら顔になった一郎がカバンから1枚の紙を取り出した。
「それでね、二郎の相続をしないといけないだろう」
「そうなんです」
　清彦も、そろそろ相続のことを考えなければと思っていたところだ。
「俺はお前たちのお爺さんのときにやってるから、だいたいわかっている。これで分ければいい」
　一郎の前に座った光代が受け取った紙を見ると、大山家の一族の名前が順番に並んでいる。一番上で「一」という数字を振ってあるのが一郎だ。「二」が道子、「三」が清彦で、清彦の子供の誠一郎まで続いている。

「いいか。お父さんを支えたのは俺だってこと、忘れないでくれよ」

そう言い残して、一郎は出口に向かった。

シーン2
法定相続人は誰？

「いつものイタめし屋」から世田谷の自宅に戻った大山家の面々。清彦は、誠一郎と並んで居間のお気に入りのソファに腰をおろした。「やっぱり実家は落ち着くなぁ」と思わず、のびをした。

「お兄ちゃん、さっきのイタめし屋さんの分、私も払おうか」

晴子が声をかけると、清彦は首を振った。

「いいよ、いいよ。お前も大変なんだから。ところで、光代、さっき伯父さんから渡されたもの、見せてくれないか?」

光代は、一郎から受け取った紙を清彦に渡した。

「『故・大山二郎　相続人一覧』か。伯父さんが一番で、母さんが二番。俺が三番目か。おい、お前も入っているぞ」

清彦は、隣に座っている誠一郎の頭をポンと叩いた。2歳になったばかりの誠一郎はなんのことかわからず、父親の膝で甘えている。

「え、そうなの？　たしか、孫は相続の権利がないんじゃなかったかしら。いつか、お兄ちゃんと行った税理士事務所で孫の話なんて出なかったと思うけど」

第2話　長男の嫁：光代編

　晴子の言葉に、清彦は思わず、フンッと鼻を鳴らしている吉川税理士を思い出した。
「そういえば、そうだったかもしれない。悪いけど、ちょっとネットで調べてくれるかな？」
　自分の部屋からノートＰＣを持ってきた晴子は、「相続」「権利」「孫」で検索をかけた。
「うん。やっぱりそうだわ。亡くなった人に子供がいたら、孫には権利がないみたい」
「あのとき、税理士事務所でもらった資料に書いてあったよな。オレ、家に帰ったら探してみるよ」
　そうして、清彦一家は帰路についた。

　　　　　　　　＊　　　　　＊　　　　　＊

　自宅に帰った清彦は、居間の辺りをウロウロしている。
「あれ、どこだっけ？」
「税理士事務所でもらった資料のことを言ってるの？　あなたの机の上の棚にあるわよ。あなたがいつも散らかしっぱなしで私が片付けに追われているの、わかってる？」
　妹の晴子同様、光代も自分の思っていることをすぐ口にする。逆らうとロクなことはない、と清彦はそそくさと机に向かった。
「ええと……、これは『財産目録』だし、こっちは『料金表』。『法定相続人一覧表』、これかな？　『配偶者様は、無条件で法定相続人になります。配偶者様を除き、一番優先されるのはお子様。お子様がいらっしゃる場合、お孫様は法定相続人にはなりません』か。やっぱりそうだ、晴子の言った通りだ」

「誠一郎は、相続人にならないわけね」
「晴子のとこの香ちゃんもね。あれ、『法定相続人を示す家系図』っていうのもある。あっ、なんだ、お母さんとオレと晴子を書いたら、それで終わりじゃないか」
「私も相続人にならないの？」
　光代は思わず聞き返した。
「この資料だと、そういうことだね。それより、伯父さんも相続人ではない、ってことなんだよな。『オレが二郎を育てたんだ』と言っているような人にどうやって説明するんだよ？」
　やっぱり、ここは長男だからという理由でオレなのか？と清彦は頭を抱えた。

シーン3
光代の不満

　光代は、ベッドに入ってもなかなか寝付けなかった。夫とはいえ、自分も相続人にならないの、と余計なことを口走ってしまったという後悔もあったが、それ以上に割り切れない気持ちのほうが大きかった。
　別にお金が欲しいわけではない。夫の清彦が相続できるのなら、それでかまわないと思う。しかし、「相続できない」という事実が、自分がこの数年間にやってきたことを否定されているようで、悔しいのだ。

第2話　長男の嫁：光代編

　義母の道子が二郎の顔を見に施設に行くときには、ほとんど光代が車を運転していた。川崎の清彦のマンションから施設までの送り迎えは、生まれたばかりの誠一郎を連れてのことで、結構骨が折れた。車を出すのだから当然、ガソリン代だってかかるが、光代は黙って払っていた。道子に請求するなど考えたこともなかった。
　義妹の晴子は、離婚して世田谷の実家に戻った。家で翻訳の仕事をしながら、子供の香を育てている。道子が香の面倒を見ることもあるが、生計は自分で立てなければならない。車で施設まで行けば、往復で3時間は優にかかる。専業主婦の光代のように、自由に時間はとれないだろう。
　だからって、私なの？
　唐突に光代は思った。今まで考えてもいなかったことだ。
　私が車を出して、ガソリン代まで払って、お義母さんや義妹のためにここまでやらなきゃいけないわけ？「時間があるから」「専業主婦だから」「嫁だから」ってそういうこと？
「嫁だから」と思った瞬間、「それってずるい」と小さくつぶやいた。
　別に、晴子が憎いわけではない。明るくていい義妹だと思う。しかし、今回のことでは私の苦労のほうがずっと大きかったはずなのに……。割り切れない思いがぐるぐると頭を駆け巡り、気がつけば、隣に寝ている清彦を起こしていた。
「ちょっと、あなた、起きてる？」
「ん？」
「ちゃんと相続の手続きを進めてね」
　本当は、「私たちが損しないように」と言いたかった。でも、それを言ったところで清彦はわかってくれないだろう。

なんといっても、清彦は「大山家の長男」であり、自分は「長男の嫁」にすぎない。嫁の立場がいつだって微妙なのは、よくわかっている。さらに、清彦には相続権だってある。そうよ、いちいち言ったって仕方ない……。
　光代は自分がお金のことばかり気にしている浅ましい女に思えて、清彦に悟られないよう、慌てて掛け布団を頭からかぶった。

第2話　長男の嫁：光代編

第2話解説①
「誰が相続人なのか」を確認する

☑ 法定相続人には順位がある

民法では、遺産を相続する権利がある人を「法定相続人」として定めています。

大山家では伯父の一郎が相続の権利を主張しました。しかし、残念ながら一郎は法定相続人ではありません。

法定相続人には、順位があります。

必ず法定相続人になるのは、配偶者。被相続人と婚姻関係にある妻（夫）は、必ず法定相続人になります。ただし、内縁の妻や愛人、前妻など婚姻関係にない人は法定相続人にはなりません。

次に優先順位が最初に来るのは、被相続人の子供です。現在の配偶者との子供はもちろん、前妻（夫）との子供や養子、また認知していれば愛人との子供も法定相続人になります（母子関係の場合は認知不要）。子供がいれば、孫は法定相続人にはなりません。子供が先に亡くなっている場合のみ、孫がこの権利をもちます。

3番目に権利があるのは、父母です。しかし義理の父母は対象になりません。

そして、**4番目が被相続人の兄弟姉妹**です。父が異なる異父兄弟姉妹、母が異なる異母兄弟姉妹も法定相続人になります。兄弟姉妹が亡くなっている場合は、甥と姪が権利をもちます。

☑「配偶者＋順位が上の家族」が法定相続人

配偶者は必ず法定相続人になりますから、「配偶者＋順位が上の家族」

が法定相続人と考えましょう。順位が1番目なのは子供なので、配偶者と子供がいれば「配偶者＋子供」が法定相続人。子供がいなければ「配偶者＋父母」、子供も父母もいなければ「配偶者＋兄弟姉妹」が法定相続人です。

大山家の場合、配偶者の道子、子供の清彦と晴子がいますから、この3人が法定相続人ということになります。

被相続人に子供と父母がおらず、兄弟姉妹もいない場合は「配偶者」のみが法定相続人。

配偶者がすでに亡くなっている場合や被相続人が独身で配偶者がいない場合は、**「順位が上の家族」が法定相続人になります**。被相続人に子供がいれば「子供」、配偶者も子供もいなければ「父母」、配偶者も子供も父母もいなければ「兄弟姉妹」ということになります。

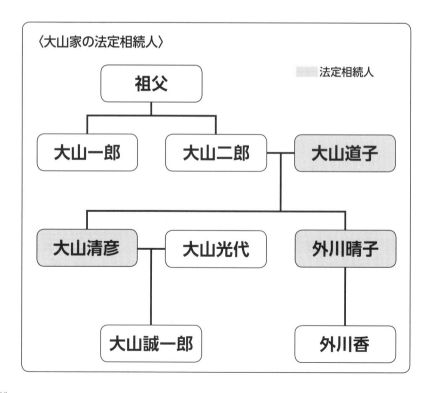

記入シート
[家系図]

	母		兄弟
父	被相続人 — 配偶者		
兄弟	子	子	
孫	孫	孫	孫

該当する点線を実線に塗る

第 1 部 | 大山家の相続・全記録

第2話解説②

法定相続分を理解する

☑ 法律上、相続できる財産の割合が「法定相続分」

　民法では、法定相続人が相続できる財産の割合を決めています。これを「法定相続分」といいます。

　法定相続分は権利を法律上定めたもので、「この通りに相続しなければならない」という義務規定ではありません。しかし、相続税の計算には法定相続分を用いますし、**遺産分割協議をするときの目安**にもなります。しっかり覚えておきましょう。

☑ 配偶者に多くの権利が

　法定相続人が「配偶者」だけの場合、法定相続分はすべてです。配偶者は、被相続人の財産をすべて相続できる権利があります。

　法定相続人が「配偶者＋子供」なら、**配偶者が１／２、子供全員で１／２**です。子供が２人以上いる場合は、子供の分の１／２を人数で割ります。子供が２人いたら子供１人あたりの法定相続分は１／４、子供が３人いたら１人あたり１／６ということになります。

　法定相続人が「配偶者＋父母」の場合、割合が変わって**配偶者が２／３、父母が１／３**です。父母が２人とも健在なら、１／６ずつが法定相続分です。

　法定相続人が「配偶者＋兄弟姉妹」の場合、さらに配偶者の割合が増え、配偶者が３／４、兄弟姉妹全員で１／４になります。兄弟姉妹が２人以上いる場合は、この１／４を人数で割った分が１人あたりの法定相続分ということになります。

☑ 配偶者がいなければ子供が財産を相続

　配偶者がおらず法定相続人が「子供」だけの場合、子供全員ですべての財産を相続する権利があります。同じように、配偶者も子供もおらず法定相続人が「父母」の場合、父母にすべての財産を相続する権利があります。被相続人に配偶者も子供も父母もいないなら、「兄弟姉妹」がすべての財産の権利をもちます。

法定相続分の割合

法定相続人	法定相続分
配偶者だけ	配偶者すべて
配偶者＋子供	配偶者1/2、子供全員で1/2
配偶者＋父母	配偶者2/3、父母で1/3
配偶者＋兄弟姉妹	配偶者3/4、兄弟姉妹全員で1/4
子供だけ	子供全員ですべて
父母だけ	父母ですべて
兄弟姉妹だけ	兄弟姉妹全員ですべて

第3話　母：道子編

> シーン1

相続財産の確認へ

　世田谷の自宅のほど近くにある「いつものイタめし屋」に集まった翌日の晩、仕事から帰った清彦は、インターネットで相続関係のホームページを検索していた。
「『相続では、相続する故人の財産を確定する必要があります。そのために＜相続財産目録＞を作成します』か。そりゃあ、財産をはっきりさせないと、分けることもできないよな」
　清彦はコーヒーを飲みながら、つぶやいた。
「えっと……故人が所有していた財産は、原則、すべて相続財産と考えます。現金、預貯金、証券類、不動産（土地・建物）などが代表的な相続財産です。また、生命保険金や死亡退職金などは相続財産に準ずるみなし相続財産となります」
　自分たちに関係がありそうなページを印刷していくと、あっという間に30枚ほどの束になった。
「通帳や不動産の権利証は世田谷の家のどこかにあるはずだけど、お母さんに聞かないとわからないな。今度の土曜に行ってみるか」
　清彦は母・道子の携帯にメールを入れた。
「今度の土曜日、昼に行きます。相続の相談をしたいので親父の通帳、世田谷の家の権利証などがわかるようにしておいてください。　清彦」

　　　　　　＊　　　　＊　　　　＊

土曜の昼下がり、道子の手料理を食べながら、清彦は勉強してての知識を披露する。
「今回、法定相続人はお母さんとオレと晴子の3人ということでいいよね。次は、相続する親父の財産を一覧にして、『財産目録』を作らなきゃならない。お母さん、通帳とかどこにあるか、わかる？」
「大丈夫。父さんは几帳面な人だったから、箱に入れて、自分の部屋のタンスの奥にしまっていたの。そうそう、このことは晴子は知ってるわね？」
「うん、お母さんが『私に万一のことがあったとき、晴子がわからなかったら大変だから』って教えてくれた」
「何だよ、知らなかったのはオレだけか」
　仕事で疲れてんのにネットで調べてきたんだぜ、と清彦が言うと、晴子がいなすように答える。

「はいはい、お兄ちゃん、ご苦労さま。ふくれてないで、お母さんのカレー、おかわりしたら？」

道子も「そうだね、私のカレーはお父さんも大好物だったからね」と、大山家の相続問題はいつの間にかカレーの話になり、土曜の昼下がりは過ぎていく……。

シーン２
父の"貴重品箱"

結局、カレーを３杯もおかわりしてしまった清彦は、重くなった胃の辺りをさすりながら、和室６畳の二郎の部屋に向かった。道子が遺品を整理している途中なので雑然としていたものの、道子が言う「二郎の貴重品箱」はすぐ見つかった。

「銀行の通帳に、生命保険の保険証書。それに土地の権利証もあるわね」

箱を開けた道子が、清彦に渡していく。

「銀行の口座は○○銀行と××銀行の普通預金だけだっけ？　定期預金はなかった？」

「介護でお金が要るから定期は崩して、私の口座に移したの。もうほとんど残ってないけど」

後々、この口座がちょっとしたトラブルに発展することは、清彦も道子もまだ知る由もない。

「あっ、生命保険は、２つ入っていたんだね。お母さんが受取人

のやつと、香が受取人のやつ」
「香は、初孫だったから。晴子が離婚したでしょ？ 香のこと、ホントに心配してね。教育資金として渡したかったんだと思うわ」
「みなし相続財産だ」
「みなし相続財産って？」
　道子には聞きなれない言葉だった。
「相続財産ではないけど、相続財産と同じ扱いになる財産って言ったらいいかな」
　道子が怪訝な顔をしていると、晴子が部屋に入ってきた。
「あぁ、そのこと。お母さん、あのね、この間、お父さんの会社の人事の人から電話があったとき、お母さんに代わって私が説明聞いたの覚えてる？ お父さんに死亡退職金が出るって話よ。その人がね、『死亡退職金はみなし相続財産ですから』って言ってたわ」
　晴子は噛み砕くように説明したが、道子は話についてこれないのか、怪訝そうな表情は変わらない。清彦は財産の確認を続ける。
「あとは車くらいか。車は車検証が権利証になるんだけど、車のダッシュボードに入れっぱなしになってるはずだよね。へそくりはなかったのかな？」
「ないと思うわよ。お父さん、あれば私に言ったと思う。『へそくりでお金貯めてる』って」
「それ、へそくりって言わないんじゃない？」
　さっきまでの怪訝そうな顔をしていた道子が、晴子の子どもっぽい声に思わず笑い声をあげた。やれやれ、何とか機嫌が直ったなと、清彦はここが潮時とばかり道子に言った。
「じゃあ、現金はなし、ってことでいいね」

第3話　母：道子編

「あ、お兄ちゃん、ちょっと待って。登記済証って、土地の権利証で所有者の名前が書いてある書類よね。お父さんの名前になってないけど、これっていいの？」

　今度は、晴子が「登記済権利証書」と書かれた書類をめくりながら言った。かなり昔のものなのか、書類の紙は変色して茶色くなっている。

「ほんとだ、大山源次……おじいちゃんの名前になってる。お母さん、この家、親父のものじゃなかったの？」

「私がこの家に来たときは、まだ源次おじいちゃんがいたからね。でも、おじいちゃんが亡くなったときに、全部お父さんのものになったと思ってたわ」

「源次おじいちゃんの名義だとすると、一郎伯父さんにもこの家の権利があるのかな？」

「そうかもね」
「伯父さん、こないだ、おじいちゃんの相続は自分が済ませたって言ってなかったっけ？」
「そうだよな。ヘンだね」
　そうは言うものの、清彦にも詳しいことはわからない。清彦は話題を変えた。
「親父の財産は、今日でだいたいわかった。これで財産目録作って、3人で分ければいいんだ」
「意外と簡単ね」
　ちょっと拍子抜けしたような晴子。でも、清彦はこの家の所有者が実際のところ誰なのか、気になっていた。伯父さんに会って話を聞かないと……。清彦はすっきりしない気分のまま、世田谷の家を後にした。

シーン3
祖父の名義のままだった不動産

「伯父さん、ちょっと話を聞きたくて母と一緒にお邪魔しました」
　翌日曜の午後。清彦と道子は、目黒の一郎の自宅を訪れた。
「俺が法定相続人じゃないって件は、もういいよ。法律には逆らえないからさ。ただ、俺が二郎の面倒を見たってことは忘れないでくれよ」
「十分わかっているつもりです。感謝しています。今日はその話

第3話　母：道子編

じゃなくて、電話でもお伝えした通り、世田谷の家のことなんです」
「ああ、世田谷の家がどうしたんだ？」
「先週の土曜、親父が持っていた財産を確認していたら、世田谷の家の権利証が出てきたんです」
「それで？」
「そうしたら、名義が大山二郎じゃなくて源次おじいちゃんになっていたんですよ」
「親父の名前に？」
　一郎も驚いたようだった。
「そうか……。親父が死んだとき、二郎は道子さんと結婚して、もうあの家に住んでいた。だから、お袋は世田谷の家を二郎にあげたわけだな。親父の財産って、あの家くらいだったんだよ。俺は家を出てたから、何ももらってない」
「まあ、そうだったんですか」
　道子も清彦も初めて聞いた話だった。
「二郎は元々住んでいた家に住み続けるだけだし、お袋もまだ生きていたから、何の手続きもしてなかったんだろう。今でもそんな家はたくさんあるらしいよ。別に珍しいことでもない。親父が山形から東京に出てきて買ったのが、あの家だったんだ。もちろん、二郎が建て替えるまでは木造だったから、今とはずいぶん違ったけどさ」
　昔を懐かしむように一郎は続けた。
「当時はボロ家であの辺もまだ畑があったくらいだからたいしたことなかったけど、今じゃ人気エリアだぞ。相当いい値段になっているはずだ。いや、名義が親父のままなら、俺にもこれから継

ぐ権利があるのかね。俺は親父の子供だから、親父の相続では法定相続人になるんだよな」

清彦は一郎の言葉に愕然とした。そうだ、所有者が変わっていなければ、当然、一郎伯父さんにも相続の権利はある。一郎伯父さんが、「世田谷の家はオレのものだ」と言ったらどうしよう？

実際、一郎伯父さんならそう言い出しかねない……。

「まぁ、俺もさ、昔のことを今さら掘り返そうとは思ってないよ。でもさ、そういうことだってありえるんじゃないか？ 世田谷の家のことについては、よくよく考えないとな。わかったかい？」

一郎の家から帰る途中、清彦は道子に尋ねた。

「お母さん、一郎伯父さんにも親父の財産、分けたほうがいいってことだよね」

「なんか、『お前たちには貸しがある』っていうような言い方だったわ。清彦の言うように、そうでもしないと気が収まらないって感じがするわね」

やはり、清彦が思っていたのと同じだ。

「あの家の名義はおじいちゃんだけど、おじいちゃんの相続はとっくの昔に終わっているから、親父の財産から一郎伯父さんに渡すってことになるね」

「私たちの一存では決められないわよ。晴子も一緒に考えないと」

「そうだね、まず財産目録を作ることが先決だ。一郎伯父さんのことはそれから考えよう。お母さん、いい？」

そして、大山家の相続は、これから最初の山場を迎えることになる。

第3話 母：道子編

第3話解説①

相続財産を確定する

☑ 被相続人がもっていたすべての財産が相続財産

　相続の際には、「相続財産」を確定する必要があります。

　基本的には被相続人が所有していた、**原則すべての財産が相続財産**です。現金、預貯金はもちろん、株式・公社債・投資信託といった有価証券、土地・建物もすべて相続財産です。

　また、借地権や借家権など土地や建物に付随する権利も相続財産に含まれますし、金銭に換えられる自動車や骨董品、宝石・貴金属、ゴルフ会員権や電話加入権なども相続財産ということになります。

☑ 被相続人の財産目録を作成する

　遺産分割に入る前に、故人の財産を一覧にした財産目録を作成しておくと便利です。

　財産目録には、特に決まった書式はありません。自由に作成してかまいませんが、土地や建物なら所在地や面積、預貯金なら金融機関の名前、口座の種類、口座番号などを明記します。

　預貯金は、相続が始まった日（被相続人の死亡日、死亡を知った日）の残高で確認します。通帳でも確認できますが、金融機関に残高証明書を発行してもらうと確実です。株式や公社債は配当・利子の受取や償還日などの通知、土地・建物、借地権や借家権などは登記簿謄本や権利証で確かめることができます。

> **ワンポイントチェック**
> **財産リストを生前に用意する**
>
> 故人が普段使っていた銀行の口座は、比較的簡単に通帳が確認できると思います。しかし、そうではない口座の通帳など紛失してわからなくなっているケースもあります。自分の備忘録の意味も兼ねて、簡単なものでも生前から財産リストを作っておくことをおすすめします

相続財産となるもの

種類	内容
現金	
預貯金など	預金、貯金、小切手
有価証券	株式、公社債、投資信託など
土地	
建物	
土地の付随権利	借地権、賃借権、地上権など
建物の付随権利	借家権※
その他	自動車、書画・骨董、宝石・貴金属、ゴルフ会員権、電話加入権、著作権など
生命保険（死亡保険）	死亡保険金
生命保険（医療保険）	解約返戻金、死亡保障
退職手当金	死亡退職金

※借家権の取引が慣行される地域を除き、課税の対象とならない。

第3話 母：道子編

第3話解説②

生命保険金と死亡退職金の考え方

☑ 死亡保険金は相続財産とみなされる

　故人の財産ではなくても、**故人からの相続財産とみなせる財産を「みなし相続財産」といいます**。たとえば、夫が家族のことを考え、妻や子供を受取人にして死亡保険の契約をしていたとします。夫が死亡したときに受け取る**死亡保険金は、受取人である妻や子供の財産**です。厳密な意味では、相続財産ではありません。しかし、相続財産と同じように故人が亡くなることで入る財産のため、みなし相続財産になります。医療保険で死亡時に支払われる**死亡保障も同じ**です。

　死亡保険の場合、配偶者や子供、孫が受取人になっているケースが多いでしょう。しかし、医療保険では故人が自分を受取人にしていることが少なくありません。医療保険の保険者が亡くなった場合、その時点で保険の契約が終了し、解約返戻金が支払われます。この解約返戻金は故人の財産になり、それを相続する形になるため、みなし相続財産ではなく通常の相続財産になります。

　後で詳しく説明しますが、みなし相続財産と相続財産では相続税の計算の仕方が異なりますので、頭に入れておいてください。

☑ 死亡退職金も「みなし相続財産」

　会社に勤めている人が亡くなったときに支払われる退職金が、死亡退職金です。死亡退職金は会社の規定で配偶者、子供、父母などの順で受取人が決まっていますが、やはり故人が亡くなることで生じる財産のため、みなし相続財産になります。

記入シート　　　　　　[財産項目]

財産目録

一　土地

所在

地番

地目　　　　　　　　面積　　　　　　　㎡

二　建物

所在

家屋番号

種類

構造　　　　　　　　床面積　　　　　　㎡

三　預貯金

1　金融機関

種類　　　　　　　　口座番号

残高

2　金融機関

種類　　　　　　　　口座番号

残高

四　株式

1　　　　　　　　　　　　　　　　株

2　　　　　　　　　　　　　　　　株

五　その他

1

2

3

4

5

大山家の相続
第4話

伯父：一郎編

第 1 部 ｜　大山家の相続・全記録

> シーン1

光代の憂い

　亡くなった父・二郎が遺した財産をまとめた「財産目録」を、清彦は見ていた。二郎の財産は、次の5つだ。

・祖父の源次から受け継いだ世田谷の土地
・世田谷の家（建物）
・○○銀行の普通預金口座のキャッシュ（500万円）
・××銀行の普通預金口座のキャッシュ（100万円）
・自動車

　これに、死亡退職金（2,000万円）と二郎が自分で掛けていた生命保険（死亡保険）の保険金がある。生命保険は、二郎の妻・道子を受取人にしたもの（3,000万円）、長女・晴子の子である香を受取人にしたもの（500万円）の2口だ。
「ここまではわかった。次はこれをどう分けるか、だ」
　清彦はコーヒーカップを置くと、携帯電話の連絡先で「大山道子」を探した。
「もしもし、お母さん？　清彦です。……うん、元気だよ。この間、親父の財産をまとめた目録をメールで送ったでしょ……そう……あれを見ながら、親父の財産をどうやって分けるか、お母さん、晴子と一緒に相談したいんだ……うん、来週の日曜でいい。そっちに行くから……じゃあね。おやすみ」
　電話を切ると、妻の光代がうしろに立っていた。思わず、たじ

第4話　伯父：一郎編

ろぐ清彦。別に悪いことをしているわけではないのに、なぜ光代のことが気になるのだろう。この間、自分が「光代は相続人になれない」と言ったことに光代がショックを受けたのがわかったからなのか。
「お義父さんの相続の話、今度の日曜にするの？」
「そうだよ」
「私も行ってもいいかしら」
「別にいいけどさ。でも、お前には関係ない話だよ。まぁ、どうしてもって言うのなら、お母さんに誠一郎の顔を見せるって口実が必要かもな」
　ついつい、口調がきつくなる。
「わかった。そうする」
「関係ない話」とはっきり言ったにもかかわらず、光代は反論し

てこなかった。

いつもの光代だったら、目の色変えて反撃してくるはずだ。これも自分のひと言のせいか？「なんかうちの相続、結構もめるかもな」と思いながら、清彦は光代の顔から目をそらした。

シーン2
遺産分割協議で生じた「事件」

世田谷の大山家の居間には、清彦と妻の光代、母の道子、妹の晴子が揃っていた。4人が囲んだダイニングテーブルの上には、二郎の財産目録が乗っている。

「今日は、親父の財産をみんなでどう分けるか、話し合いをしたいと思います」

慣れない「相続」という話に、清彦は学芸会の司会のような切り出し方をした。晴子がすかさずフォローする。

「『相続は争族』なんていうらしいけど、お母さんと私とお兄ちゃんの3人で分けるんだから、平和にいきましょう」

仕事の合間にインターネットで相続について調べている晴子は、いつの間にか、すっかり事情通になっているようだ。

「そうだね。まず、この家のことから決めようか。ここは、お母さんが住み続けるわけだから、お母さんにということでいいかな」

「そうしてくれると助かるわね。部屋はたくさん余っているから、

第4話　伯父：一郎編

「晴子が再婚するんだったら旦那さんと一緒に住んでくれたら私も安心だわ」
「その可能性もないとは言わないけど、まぁ、低いでしょうね。相手がいないんだから」と混ぜ返す晴子だが、清彦も妹には再婚してほしいと密かに思っている。
「今回、この家を晴子の名義にするという方法もあるけど、もし晴子が再婚して旦那さんの家に住むようになったりしたらややこしいしね。じゃあ、この家は土地も建物もお母さんに、ということで」
「異議なし」
　晴子がおどけて挙手をする。「よしよし、いい調子だ」と清彦は内心ひとりごちた。
「次は、車。車は晴子が使ってるだろ？」
「お母さんを乗せることも多いし、香が保育園に行きだしたら送り迎えとかでもっと使うと思う」
「私は運転できないし、清彦は自分の車があるものね。晴子でいいんじゃない？　どう？」
「オレはかまわないよ。じゃあ、晴子にしよう」
　清彦は、財産目録の土地と建物の横に「お母さん」、自動車の横に「晴子」と書き入れた。
「あとは、現金をどうするかだね」
「私の口座に3,000万円入っていたけど、あれは、清彦が保険会社に連絡して手続きしてくれたからよね？　あと、お父さんの会社から死亡退職金の振込もあったわ」
「だから、お母さんの口座に5,000万円入ったわけだよね。保険は親父が『母さんと香に』と遺してくれたものだから、そのま

まにしたいと思う」
「死亡退職金と銀行の預金は、分けてもらえるとうれしいな」と晴子が軽く口を挟む。
　晴子には、これから香の教育費がかかってくる。やはり、現金は欲しいのだろう。
「お母さんはそれでいい？」
「私は、保険があれば充分よ。晴子の言う通りにしてあげて」
「うれしい、ありがとう」
　素直に喜ぶ晴子。
「問題は、一郎伯父さんの分をどうするか……」
「お母さんから聞いたわ。この家、源次おじいちゃんの名義のままなんだって？」
「そうなんだ。死亡退職金と銀行の預金、合わせると2,600万円。一郎伯父さんに600万円で、お母さんに1,000万円、オレと晴子で500万円ずつだときれいに分けられるけど……」
「600万円で納得してくれるかしら。一郎伯父さん、この家は、人気エリアにある、とか言ってたから……」
　道子は、心配そうな表情を浮かべる。
「これは、正直に一郎伯父さんに聞いてみるしかないかなぁ」
「いま、電話で聞いちゃえば？」
「こういうのは、会って話したほうがよくないか」
「何言ってるのよ、お兄ちゃん。会って話しても電話で聞いても、結果は一緒よ。『今、母と妹と相談しているところなんですけど』って言えば、状況はわかってくれるわ」
「オレが電話するんだね……」
　結局、最後は長男だからでオレだよな。本当に長男って損な役

第4話　伯父：一郎編

回りと思いながら、清彦はため息をついた。

　　　　　＊　　　　＊　　　　＊

「どうだった？」
　清彦が電話を切った瞬間、待ちきれないように晴子が聞いた。
「怒ってはいなかったけどさ。『俺にも思うところがあるから、ちょっと考えさせてくれ。明後日、また電話してくれ』だって。伯父さんのことが決まらないと、残りの分け方も決まらないんだよなあ」
　清彦が天井を見上げると、それまで黙って話を聞いていた光代が意を決したように話し始めた。
「私からもいいですか。晴子さん、気を悪くしないで下さいね。晴子さんのところには香ちゃんがいるけど、私のところにも誠一郎がいるの。香ちゃんには保険金が入るけど、誠一郎にはないのよね」
　清彦は、光代の突然の話に驚いて目を見開く。
「おいおい、光代。今さらそんなことを……。誠一郎が生まれたのは、親父が倒れたあとだからしょうがないじゃないか」
「そうですけど、誠一郎だって同じお義父さんの孫じゃないですか。それに、お義父さんの施設まで、お義母さんを送っていっていたのは私です。晴子さんは仕事をしているし、香ちゃんの面倒を見なければいけないのはわかっているわ。でも、それでウチがもらえるのは晴子さんのところより少ないなんて……」
　施設までの送り迎えを引き合いに出すつもりはなかった。でも、言い出したら、自分でも止められないほど、今までの不平不満が

出た。
　光代は、今まで自分がどんなに割の合わないことをしていたのか思い出し、うっすらと涙ぐんだ。悲しいのではなくて、悔しさの余りである。義妹の晴子は、光代の涙の意味を誤解したらしい。光代に向かって頭を下げた。
「そうだったのね、義姉さん。今まで気がつかなくてごめんなさい。きちんと御礼を言ってなかったですね。本当にお父さんのことでは、感謝しています。でもね、義姉さん、私たちは家族じゃないんですか？　誰が何をしているから、偉いとかそういうんじゃなくて……。私はずっとそう思っていたけど、義姉さんはそうじゃないっていうのであれば、つまりは、感謝の気持ちをお金で表わさないといけないってことね。わかりました。みんなで、もう一度、考え直しましょうよ」
　頭を下げたのとは裏腹に、晴子は辛辣な言葉を光代にぶつけた。光代は「そういう意味で言ってるんじゃないのに」と小声で言いながらも、静かにうなずいた。
「わかった、わかった。言い合いはやめようよ。とにかく、伯父さんのことも決まらないんだから、今日はこの辺でお開きにしよう」
　清彦は光代を急き立てるように玄関まで連れていき、大山家をあとにした。風雲急を告げるが如く、大山家の相続に暗雲が立ちこめていた。お金を前にして、今まで仲良くやってきた家族の本音が見え隠れしている。

第4話　伯父：一郎編

シーン3

二郎が出せなかった手紙

　清彦一家が帰ったあと、道子は二郎の部屋に入って遺品整理の続きを始めた。

　一緒に見に行った芝居の半券、旅行先のスナップ……。机の中にも、思い出の品々が詰まっている。几帳面な二郎は、手紙類も捨てずに取ってあった。結婚前に道子が出したものから友達からの季節の便りなど、きちんとフォルダに整理してまとめてある。

　懐かしさで胸がいっぱいになりながら手紙の束を眺めていると、フォルダからはずれたところに、ひとつだけ封をしたままの封筒を見つけた。宛名は、『大山一郎様』。二郎が自分の兄に出そうとしていたものらしい。

　道子は慌てて封筒を洋服のポケットにしまった。そうしないと消えてなくなってしまいそうな、とても大切なもののような気がしたからだ。そしてそれは、実際そうであったことが判明する。

　　　　　　＊　　　　＊　　　　＊

「お義兄さん、突然お邪魔してすみません」
「道子さんが1人で訪ねてくるなんて珍しいね。どうしたんだい。清彦から電話があった件は、まだ決めてないよ」
「いえ、そうではなくて。昨日、主人の遺品を整理していたらこんなものが出てきたんです」

道子は、一郎に例の封筒を渡した。
「大山一郎様……。俺への手紙じゃないか。なんだって、こんなものが二郎のところにあったんだろう」
「出しそびれていたんじゃないかと思うんです」
　一郎は、封を破って読み始めた。

兄上様

　今日は親父の命日でしたね。実は、ずっと話したくて、話せなかったことがあります。いつまで経ってもきっと言い出せないことになりそうなので、柄ではないですが手紙を書きます。
　兄さんもわかっていますよね。僕が住んでいる世田谷の家のことです。うやむやに僕のものにしてしまったことです。
　親父が亡くなったとき、兄さんは家を出て会社を立ち上げていました。まだ事業が軌道に乗っていなくて、お金が必要な時期だったと思います。
　でも、僕は道子とこの家に住んでいたので、家を失う怖さから言いだせずにいました。今では、このことが兄さんとの間に微妙な距離を作ってしまったと感じています。相続が、こんなふうに見えない壁を家族に作ってしまうものだと、あのとき気づいていれば、兄さんともっと腹を割って話せる兄弟になれたのに、と後悔しています。

第4話　伯父：一郎編

　きちんと話をしよう、そして、自分があのときに自分のことしか考えていなかったことを謝ろう、と何度も思いながら、今日まできてしまいました。
　兄さんにお詫びと、そしてこんな僕を育ててくれたお礼を言いそびれたままです。30年前ならともかく、自分で創業した会社の会長にまでなっている兄さんに、こんなこと言うのは失礼なことかもしれません。
　相続って怖いですね。遺せるほどの財産もないけど、僕にもしものことがあったときは、道子、清彦、晴子がよく話し合って決めてほしいと思います。孫の香にも、少し遺してあげることにしました。清彦は僕のことをいつも気にかけてくれるいい嫁さんをもらいましたが、まだ子供ができないのが残念です。子供ができたら、香と同じように遺してあげたいと思います。孫は本当に可愛いものです。
　兄さんとは語りつくせない話が沢山あります。僕は酒は相変わらず強くないけど、一度飲みに行き、昔話ができればと思います。
　それでは、体に気をつけて。気長に兄さんからの返事を待っています。

　　　　　　　　　　　　　　　平成二十三年十月一日
　　　　　　　　　　　　　　　二郎

　一郎は、机の上に便箋を置いた。何度か、何か言いかけては溜

息をついた。深い深い溜息だった。道子が見かねて「お義兄さん……」と声をかけようとすると、遮るようにして一郎は一気に言った。
「道子さん、世田谷の家のことはもういい。清彦にも、明日電話しなくていいって言ってくれ。全部、道子さんと清彦に任せる。それだけだ」
　もう、何と言われても俺は決めたんだ、とその表情は語っていた。自分一人で会社を立ち上げ、父親代わりに弟を育てた、強くて優しい「二郎の兄」がそこにいた。

　　　　　　　　＊　　　　＊　　　　＊

　清彦は、道子から連絡を受けて会社帰りに世田谷に寄った。道子から渡されたのは、手紙のコピーだった。
「昔から、伯父さんがウチを避けているような感じがしてたんだ。こんな事情があったとはね」
「お義兄さんのこと、ずっと誤解していたわ」
「お母さん、オレもだよ」
「日付を見ると、お父さん、倒れる直前にこの手紙書いたのね」
　仕事を切り上げた晴子も話に加わる。
「あの人、まるで自分が倒れることを知っていたみたい」
「本当に。きっと、孫ができていろいろ考えたんじゃないかな。香の自慢をしたかったのかもしれないしね」
「うん、お兄ちゃんに子供ができたら、香と同じように財産を遺したいって書いてあるのもそういうことだよね。お父さんの遺志なんだから、誠一郎君の分、お兄ちゃんのところに現金を多めに

分けようよ」
「ありがとう。光代も喜ぶと思う。この手紙を見せたら、また泣いちゃうかな。親父、光代のことほめてるから」
「これで現金の分け方も決められる、と。じゃあいよいよ、週末にでも３人で遺産分割協議書作りましょうか」
「遺産分割？」
「遺産分割協議書」と晴子は道子にわかるようにゆっくりした口調で言った。
「財産の分け方を書いた、正式な書類のこと。大事なものなんだから、母さんも覚えておいてね」
「晴子、あなた、本当によく勉強してるわね」
　オレが財産目録を作ったときは、そんなこと言わなかったくせに。そもそも、親父の相続の土台を作ったのはオレだぜ、と思った清彦は「晴子は、仕事がヒマだからな」と揶揄した。
「何言ってるの、お兄ちゃん、違うわよ！」
　予想通り、晴子の逆鱗に触れる。
　遺産分割が一件落着して、「もうこれで終わり」とばかりにほっとした雰囲気を漂わせている大山家の人々。
　しかし、これからまだまだ思いも寄らぬことが待ち構えているとは、誰ひとり知る由もなかった。

第4話解説①

遺産を分割する

☑ 遺産分割協議による分割が一般的

　故人の財産の分割は、**「遺言書」「遺産分割協議」「調停」「審判」**のいずれかに基づいて行います。

　故人が遺言書で分割の方法を指定していれば、基本的に遺言書の内容に沿って財産の分割を進めます。「妻には家を、長男と次男にはそれぞれ現金500万円ずつ相続させる」と遺言書に書かれていれば、それに従います。

　ただ、日本では故人が遺言書をのこさずに亡くなるケースが少なくありません。ですから、遺産分割協議による分割が一般的です。大山家が行ったのも、遺産分割協議による分割です。

　ここで重要になるのが、第2話で説明した法定相続人です。遺産分割協議では、法定相続人が話し合って相続財産の分け方を決めます。

　そして、各人が相続する財産が決まったら、その内容を遺産分割協議書にまとめて実際の分割に移ります。

> **ワンポイントチェック**
> **金融機関の凍結に注意する**
>
> 　故人がもっていた金融機関の口座は、亡くなるといったん凍結されます。口座を解除するには通常、遺言か遺産分割協議書が必要です。また、故人がもっていた不動産の名義を変更するときにも、遺言か遺産分割協議書が必要になります。

☑ 分割協議には法定相続人全員の合意が必要

　遺産分割協議では、財産をどのように分割してもかまいません。遺産分割協議は法定相続分を基本に考えられることが多いですが、法定相続分と異なる分割をしても問題はありません。協議の結果、故人の配偶者にすべての財産を渡すことで意見が一致したら、そのような分割をすることも可能です。

　ただし、遺産分割協議が成立するには法定相続人全員の合意が必要です。**1人でも反対する法定相続人がいたら、遺産分割協議は成立しません**。

　遺産分割協議で合意することが望ましいですが、協議が成立しない場合、それぞれの法定相続人は遺産分割の調停を家庭裁判所に請求することができます。

> **🔑 ワンポイントチェック**
> **相続人の印鑑証明は多めに準備**
>
> 　遺産分割協議書による口座の解除、不動産名義変更には、法定相続人全員の印鑑証明書が求められます。また遺言による口座の解除でも、相続人全員の印鑑証明付き同意書を求められることがあります。その他にも印鑑証明書が必要になるケースがありますので、法定相続人は印鑑証明書を多めに用意しておきましょう。

☑ 調停でも合意しなければ家庭裁判所の審判を受ける

　調停は、家庭裁判所の判断をあおぐものではありません。家庭裁判所の家事審判官と調停委員から助言や解決案をもらいながら、話し合いで解決を図ろうとするものです。

　調停で法定相続人全員が合意すれば、その内容に沿って財産の分割を行います。しかし調停でも合意が得られない場合は、家庭裁判所の審判に移ります。

　審判では、家事審判官が各法定相続人の主張や生活状況などを考慮して

判断を下します。

家庭裁判所が出す審判には、強制力があります。法定相続人は、審判の内容に従わなければなりません。ただし、審判に不服がある場合は２週間以内に即時抗告をして、高等裁判所の判断を受けることができます。

> **ワンポイントチェック**
> **調停調書または審判書の謄本を用意する**
>
> 調停や審判に基づいて財産の分割をする場合、不動産の名義変更や金融機関口座の凍結解除は、調停調書または審判書の謄本を提出して行います。

第4話解説②

遺産分割　3つのやり方

☑ (A)財産を現物のまま分ける「現物分割」

相続財産の分割には**「現物分割」「換価分割」「代償分割」**の３つの方法があります。遺産分割協議をするときには、相続財産の状況、各法定相続人の意向を考慮し、適した分割の方法を採るようにします。

現物分割は、**財産を現物のままで分ける方法**です。たとえば自宅、預貯金、株式、自動車を財産としてもっていた父が亡くなった場合、自宅を母に、預貯金を長男に、株式を長女に、自動車を次男に分けていくようなやり方です。財産をそのままの状態で分けるため、一番シンプルな分割方法です。

☑ (B)遺産を売却して代金を分ける「換価分割」

換価分割は、**財産を売却してその代金を分割する方法**です。

たとえば自宅、預貯金、株式、自動車を財産としてもっていた父が亡くなった場合、自宅と株式と自動車を売却し、その代価を預貯金と合わせて分割します。

換価分割は、不動産を分けるときに有効です。

たとえば、土地を母と長男で1/2ずつ分けようとしても、正確に分けることは困難です。面積で1/2ずつに割っても、道路に面した土地や南に向いた土地のほうが価値が高くなることは珍しくありません。そうした場合、不公平感が出てしまいます。

また、故人が複数の土地を所有していた場合、当然、土地によって価値は変わってきます。「土地Aは母」「土地Bは長男」と分けても、価値に差が出ます。

以上のようなケースでは、土地を売却して代価を分ける換価分割を用いると公平に財産を分割することができます。

> 🔑 ワンポイントチェック
> **現物分割と換価分割は併用できる**
>
> 現物分割と換価分割は、併用することができます。たとえば父が亡くなった場合、母が住み続けるため自宅は母に現物分割し、株式と自動車を換価分割して長男と長女で分けるようなやり方です。

☑ (C)不公平感を代価の交付で補う「代償分割」

1人または複数の法定相続人が現物で財産を相続し、それに見合う代価を他の法定相続人に交付するのが代償分割です。

代償分割は、現物で相続した財産とそれ以外の財産に大きな差がある場合に、よく用いられます。

たとえば、自宅と小額の預貯金を資産として持つ父が亡くなったとします。自宅は母が住み続けるため、売ることができません。そこで、母がそのまま相続することにしました。しかしそうすると、長男と長女には小額の預貯金しかのこらないことになります。

　そこで、自宅を共同で相続したのに見合う代価を母が長男と長女に交付して、不公平感を調整するわけです。

第4話解説③
遺産分割協議書を作る

☑「誰が」「どの財産を」取得するかを明記する

　遺産分割協議を行い、法定相続人全員の合意が得られたら、遺産分割協議書を作成します。遺産分割協議書には、特定の書式はありません。パソコンのワープロソフトで作成してもかまいませんし、手書きでも遺産分割協議書として通用します。

　しかし、明記すべき項目は決まっています。

　まず「氏名」「本籍地」「死亡年月日」など**被相続人の情報**を記入します。

　次に、**法定相続人が分割協議を行った結果、以下の内容で財産を分割することに合意した旨**を書き入れます。

　そして、法定相続人の**「誰が」「どの財産を」**取得するかを記します。

　財産については、解釈に差が生まれないよう、どの財産かをしっかりと特定できるようにしましょう。不動産は不動産登記簿謄本の通りに地番・面積・構造などを、預貯金は金融機関名・支店名・種類・口座番号・金額を書き入れます。

　ただし、遺産分割協議の結果、1人の法定相続人がすべての財産を受け

取ることになった場合は詳細を書く必要はありません。「相続人〇〇が被相続人のすべての財産を取得する」とすれば大丈夫です。

☑ 法定相続人全員の署名と押印が必要

分割の内容のあとは、遺産分割協議書の**作成年月日**を入れ、**法定相続人全員の情報**を記します。1人の法定相続人がすべての遺産を相続する場合でも、すべての法定相続人の分を書きます。

そして、**すべての法定相続人が署名し、実印で押印**して完成です。

>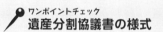
> **遺産分割協議書の様式**
>
> 遺産分割協議書は、すべての財産を1枚にまとめる必要はありません。新たに預貯金が見つかった場合、その預貯金だけの遺産分割協議書を作ることもできますし、土地だけの遺産分割協議書を作ることもできます。

遺産分割協議書サンプル　(A)現物分割の場合

被相続人の表示
　氏　　　名　　○○○○
　本　　　籍　　○○県○○市○○町○丁目○番
　最後の住所　　○○県○○市○○町○丁目○番
　生年月日　　　○○年○○月○○日
　死亡年月日　　平成○○年○○月○○日

　上記被相続人の共同相続人である○○○○、○○○○、○○○○は、被相続人の遺産を次の通り分割することを協議した。

記

1. 相続人○○○○が取得する財産
(1)不動産
不動産の表示
　土　　　地
　所　　　在　　○○市○○町
　地　　　番　　○○番○○
　地　　　目　　宅地
　地　　　積　　○○㎡

2. 相続人○○○○が取得する財産
(1)金融資産
○○銀行○○支店の被相続人名義の普通預金全て
　口座番号　　　○○○○○○○
　残　　　高　　○○○○○○○円

3. 相続人○○○○が取得する財産
(1)株　　　式
　　株式会社○○○○の株式　○○○○株

　上記のとおり相続人全員による遺産分割協議が成立したので、これを証するため、本書3通を作成し、署名押印の上、各自1通を所持する。

平成○○年○○月○○日

　　　本　　　籍　　○○県○○市○○町○丁目○番
　　　住　　　所　　○○県○○市○○町○丁目○番
　　　生年月日　　　○○年○○月○○日
　　　相　続　人　　○○○○　実印

　　　本　　　籍　　○○県○○市○○町○丁目○番
　　　住　　　所　　○○県○○市○○町○丁目○番
　　　生年月日　　　○○年○○月○○日
　　　相　続　人　　○○○○　実印

　　　本　　　籍　　○○県○○市○○町○丁目○番
　　　住　　　所　　○○県○○市○○町○丁目○番
　　　生年月日　　　○○年○○月○○日
　　　相　続　人　　○○○○　実印

第4話　伯父：一郎編

遺産分割協議書サンプル　(B)換価分割の場合

被相続人の表示
氏　　　名	○○○○
本　　　籍	○○県○○市○○町○丁目○番
最後の住所	○○県○○市○○町○丁目○番
生年月日	○○年○○月○○日
死亡年月日	平成○○年○○月○○日

　上記被相続人の共同相続人である○○○○、○○○○、○○○○は、被相続人の遺産を次の通り分割することを協議した。

記

1. 次の不動産を売却換価し、売却代金から売却に伴う不動産仲介手数料・契約書作成費用・登記手続き費用、譲渡所得税その他売却にかかわる費用を控除した残りの金額を、○○○○が2分の1、○○○○、○○○○が4分の1ずつ取得し相続する。

土　　　地	
所　　　在	○○市○○町
地　　　番	○○番○○
地　　　目	宅地
地　　　積	○○㎡

建　　　物	
所 在 地	○○市○○町
地　　　番	○○番○○
構　　　造	木造スレート葺2階建
床 面 積	1階○○㎡　2階○○㎡

2. 次の株式を売却換価し、売却代金から売却手数料を引いた残りの金額を、○○○○が2分の1、○○○○、○○○○が4分の1ずつ取得し相続する。

　　株式会社○○○○の株式　　○○○○株
　　株式会社○○○○の株式　　○○○○株

　上記のとおり相続人全員による遺産分割協議が成立したので、これを証するため、本書3通を作成し、署名押印の上、各自1通を所持する。

平成○○年○○月○○日

本　　　籍	○○県○○市○○町○丁目○番
住　　　所	○○県○○市○○町○丁目○番
生年月日	○○年○○月○○日
相 続 人	○○○○　実印

本　　　籍	○○県○○市○○町○丁目○番
住　　　所	○○県○○市○○町○丁目○番
生年月日	○○年○○月○○日
相 続 人	○○○○　実印

本　　　籍	○○県○○市○○町○丁目○番
住　　　所	○○県○○市○○町○丁目○番
生年月日	○○年○○月○○日
相 続 人	○○○○　実印

遺産分割協議書サンプル　（C）代償分割の場合

被相続人の表示
　氏　　　名　　〇〇〇〇
　本　　　籍　　〇〇県〇〇市〇〇町〇丁目〇番
　最後の住所　　〇〇県〇〇市〇〇町〇丁目〇番
　生 年 月 日　　〇〇年〇〇月〇〇日
　死亡年月日　　平成〇〇年〇〇月〇〇日

上記被相続人の共同相続人である〇〇〇〇、〇〇〇〇、〇〇〇〇は、被相続人の遺産を次の通り分割することを協議した。

記

1. 相続人〇〇〇〇が取得する財産
（1）不動産
不動産の表示
　　土　　　地
　　所　　　在　　〇〇市〇〇町
　　地　　　番　　〇〇番〇〇
　　地　　　目　　宅地
　　地　　　積　　〇〇㎡

　　建　　　物
　　所 在 地　　〇〇市〇〇町
　　地　　　番　　〇〇番〇〇
　　構　　　造　　木造スレート葺2階建
　　床　面　積　　1階〇〇㎡　2階〇〇㎡

2. 相続人〇〇〇〇は第1項に記載の遺産を取得する代償として、各相続人に次の価額の債務を負担することとし、それぞれの指定する金融機関の口座に平成〇〇年〇〇月末日限り、振込み支払うものとする。
　〇〇〇〇に対し、金〇〇〇〇〇〇〇円
　〇〇〇〇に対し、金〇〇〇〇〇〇〇円

上記のとおり相続人全員による遺産分割協議が成立したので、これを証するため、本書3通を作成し、署名押印の上、各自1通を所持する。

平成〇〇年〇〇月〇〇日

　　本　　　籍　　〇〇県〇〇市〇〇町〇丁目〇番
　　住　　　所　　〇〇県〇〇市〇〇町〇丁目〇番
　　生 年 月 日　　〇〇年〇〇月〇〇日
　　相　続　人　　〇〇〇〇　実印

　　本　　　籍　　〇〇県〇〇市〇〇町〇丁目〇番
　　住　　　所　　〇〇県〇〇市〇〇町〇丁目〇番
　　生 年 月 日　　〇〇年〇〇月〇〇日
　　相　続　人　　〇〇〇〇　実印

　　本　　　籍　　〇〇県〇〇市〇〇町〇丁目〇番
　　住　　　所　　〇〇県〇〇市〇〇町〇丁目〇番
　　生 年 月 日　　〇〇年〇〇月〇〇日
　　相　続　人　　〇〇〇〇　実印

記入シート [遺産分割協議書 ①現物分割の場合]

遺産分割協議書

被相続人の表示

氏名

本籍

最後の住所

生年月日　　　　　年　　　月　　　日

死亡年月日　平成　　　年　　　月　　　日

上記被相続人の共同相続人である　　　　　　　　　　　　は、被相続人の遺産を次の通り分割することを協議した。

記

1. 相続人　　　　　　　　　　が取得する財産

2. 相続人　　　　　　　　　　が取得する財産

3. 相続人　　　　　　　　　　が取得する財産

上記のとおり相続人全員による遺産分割協議が成立したので、これを証するため、本書3通を作成し、署名押印の上、各自1通を所持する。

平成　　年　　月　　日

本籍

住所

生年月日　　年　　月　　日

相続人　　　　　　　　　実印

本籍

住所

生年月日　　年　　月　　日

相続人　　　　　　　　　実印

本籍

住所

生年月日　　年　　月　　日

相続人　　　　　　　　　実印

記入シート [遺産分割協議書 ②換価分割の場合]

遺産分割協議書

被相続人の表示

氏名

本籍

最後の住所

生年月日　　　　　　年　　　　月　　　　日

死亡年月日　平成　　　　年　　　　月　　　　日

　上記被相続人の共同相続人である　　　　　　　　　　は、被相続人の遺産を次の通り分割することを協議した。

記

1. 次の　　　　　　　　　　を売却換価し、売却代金から　　　　　　　　　　取得し相続する。

2. 次の　　　　　　　　　　を売却換価し、売却代金から　　　　　　　　　　取得し相続する。

3. 次の　　　　　　　　　　を売却換価し、売却代金から　　　　　　　　　　取得し相続する。

上記のとおり相続人全員による遺産分割協議が成立したので、これを証するため、本書3通を作成し、署名押印の上、各自1通を所持する。

平成　　　年　　　月　　　日

本籍

住所

生年月日　　　年　　　月　　　日

相続人　　　　　　　　　　　実印

本籍

住所

生年月日　　　年　　　月　　　日

相続人　　　　　　　　　　　実印

本籍

住所

生年月日　　　年　　　月　　　日

相続人　　　　　　　　　　　実印

記入シート　[遺産分割協議書　③代償分割の場合]

遺産分割協議書

被相続人の表示

氏名

本籍

最後の住所

生年月日　　　　年　　　月　　　日

死亡年月日　平成　　　年　　　月　　　日

上記被相続人の共同相続人である　　　　　　　　　　は、被相続人の遺産を次の通り分割することを協議した。

記

1. 相続人　　　　　　　　　　　　　　が取得する財産

2. 相続人　　　　　　　　　　は、第1項に記載の遺産を取得する代償として、各相続人に次の価額の債務を負担することとし、それぞれの指定する金融機関の口座に　　年　　月末日限り、振込み支払うものとする。

　　　　　　　　　　　　に対し、　　　　　　　円

　　　　　　　　　　　　　　に対し、　　　　　　　円

上記のとおり相続人全員による遺産分割協議が成立したので、これを証するため、本書3通を作成し、署名押印の上、各自1通を所持する。

　　　　　　　　　　平成　　　年　　　月　　　日

本籍			
住所			
生年月日	年	月	日
相続人		実印	

本籍			
住所			
生年月日	年	月	日
相続人		実印	

本籍			
住所			
生年月日	年	月	日
相続人		実印	

第4話解説④

遺言書を遺す

☑ 遺言書で相続の争いを避けられることも

　遺言書は、自分の死後に自分の財産をどうやって分割するか、生前にあらかじめ指定しておくものです。あくまで財産の遺し方を主に記すもので、感謝など自分の思いを家族や友人などに書き遺す遺書とは性格が異なります。

　遺産分割協議による分割では、法定相続人の間で故人の財産を分けることになります。法定相続人以外の人は、相続できません。しかし遺言書で指定すれば、**法定相続人以外の人にも財産を遺すことができます。**

　たとえば、ストーリーの登場人物である清彦の妻・光代は法定相続人にはなれないため、遺産分割協議による分割では光代に財産を遺すことができません。しかし、遺言書を書いていれば光代にも財産を遺すことができます。

　また、法定相続人にだけ遺産を遺す場合も、遺言書で法定相続分とは異なった分割の割合を指定することができます。

☑ 容易に遺志が遺せる自筆証書遺言

　遺言書には「**自筆証書遺言**」「**公正証書遺言**」「**秘密証書遺言**」の３種類があります。秘密証書遺言は実際にはほとんど用いられていないので、自筆証書遺言と公正証書遺言について解説します。

　自筆証書遺言は、費用がかからず証人も要らない一番シンプルな遺言書です。

　遺言を遺す遺言者が、自分で全文を書き、日付を入れ、署名・押印（できれば実印で）すれば文面は完成。あとは封筒に入れ、押印したのと同じ

印で封印すれば正式な遺言書になります。ストーリーの大山家の父・二郎が遺した手紙は押印も封印もされていなかったため、正式な自筆証書遺言とは認められません。

自筆証書遺言は偽造・変造される可能性があります。そのため、いくつかの要件が定められています。

自筆証書遺言はすべて、遺言者の自筆でなければなりません。**ワープロソフトで作成したものや代筆によるものは認められません**。また内容を訂正することはできますが、その方法が民法で厳格に定められています。

自筆証書遺言の訂正の仕方

① 訂正箇所を二重線などで消す（元の文面が読めるようにしておく）
② 訂正箇所に押印する
③ 欄外または末尾に「第1項」「5行目」などと訂正箇所を指定し、削除した文字数、加入した文字数を記し、署名する

そして、**死亡後には家庭裁判所で検認を受ける必要があります。検認には1カ月から1カ月半ほどかかります**。検認を受けないと遺言内容が実行できないので、早めに申立てをしましょう。申立ては、遺言の保管者または遺言を発見した法定相続人が行います。

自筆証書遺言でよく起こる問題が、紛失です。申立ても遺言書自体がなければ行うことができません。遺言者が秘密にしていると、遺言書が見つからないこともあります。また、遺産分割協議がある程度進んだところで見つかると、トラブルの元にもなります。

遺言書を自筆証書遺言で遺した場合には管理者を指名するか、貴重品入れや金融機関の貸金庫など家族がわかる場所に保存するようにしましょう。

> **ワンポイントチェック**
> **複数の遺言書は最新日付のみ有効になる**
>
> 　遺言書は、何度でも書き直すことができます。基本的に書き直したものは破棄しますが、複数の遺言書が残っていた場合、日付が最も新しいものが有効になります。

☑ 確実に遺志を伝えられる公正証書遺言

　公正証書遺言は、公証役場で公証人に作成してもらう遺言書です。

　自筆証書遺言は、自筆でなかった場合や日付が入っていなかった場合など、不備により無効になるケースがあります。しかし、公正証書遺言ではそのようなことはまずありません。確実に遺言者の希望を遺すことができます。

　また、自筆証書遺言では家庭裁判書の検認が要りますが、公正証書遺言ではその必要がありません。すぐに相続の手続きを始めることができます。

　公正証書遺言を作成するときは、公証役場で遺言者が公証人に遺言の内容を口頭で説明します。このとき、**2人以上の証人が立ち会っていなければなりません**。この証人になるには次のような条件があります。知人に依頼してもいいですし、弁護士や行政書士などになってもらってもいいでしょう。また、公証役場で紹介してもらうこともできます。

証人になれない人

① 未成年者
② 推定相続人（相続が発生したら、法定相続人になる人）
③ 推定受遺者（遺言の中で遺贈を受けることになっている人）
④ 推定相続人・推定受遺者の配偶者ならびに直系血族
⑤ 公証人の配偶者、四親等内の親族、書記および雇人

公証人は内容を文書にした上で、遺言者と証人に読み聞かせ（あるいは閲覧させ）、内容に問題がなければ遺言者と証人が署名・押印します。さらに公証人が署名・押印すれば、正式な公正証書遺言になります。公正証書遺言は正本・謄本・原本の3部作成され、正本と謄本は遺言者が、原本は公証役場が保管します。

> **ワンポイントチェック**
> ## 公正証書遺言は登録されている
>
> 　公証役場が公正証書遺言を作成すると、作成したという事実が日本公証人連合会に登録されます（遺言書の内容は登録されません）。ですから、故人が公正証書遺言を遺したかどうかは、近くの公証役場を通じて確認することができます。また、遺言者が亡くなったあとに公正証書遺言が紛失したことがわかったときにも、法定相続人が戸籍謄本と身分証明書を公証役場に提出すれば、閲覧と謄本を請求することができます。

第4話　伯父：一郎編

第4話解説⑤

遺言書では遺留分に注意

☑ 法定相続人の権利を守る遺留分

　遺言書では、遺言者が自分の意思で財産の遺し方を決めることができます。

　しかし、遺言書の内容によっては法定相続人の権利が大きく侵害されることがあります。

　たとえば、子供を2人もつ父が離婚し、籍を入れないまま内縁の妻と長く暮らしていたとします。この父が、すべての財産を内縁の妻に譲るという内容の遺言書を遺していました。

　婚姻関係にない内縁の妻は、法定相続人にはなれません。この場合、子供2人だけが法定相続人になります。法定相続分としては、子供2人ですべての財産を引き継ぐ権利をもっています。しかし、遺言書では内縁の妻にすべての財産を遺贈することになっており、父の死後、子供にはまったく財産が渡らないことになります。

　このように**法定相続人の権利が大きく侵害されないように定められているのが、遺留分**です。

☑ 相続財産が遺留分に満たなければ不足分を請求できる

　遺留分は、**法定相続人が最低限受け取る権利をもつ財産**です。

　遺留分は、相続財産の1／2。ただし、故人に配偶者も子もなく、法定相続人が父母だけの場合、遺留分は相続財産の1／3になります。また、兄弟姉妹には遺留分を請求する権利が認められていません。

　法定相続人が受け継ぐ財産が遺留分に満たないときは、遺留分を侵害している法定相続人や受遺者（遺贈を受ける人）に対して、満たない分の財

産を請求することができます。これを**「遺留分減殺請求」**といいます。

　たとえば、先ほどの例で父が3,000万円の財産を遺していたとします。法定相続人は2人の子供だけですから、遺留分の合計は、相続財産の1/2となり1,500万円。これを法定相続分（1/2）で按分した750万円が子供1人あたりの遺留分です。

　対して、受け継ぐ財産はゼロ。750万円が遺留分に満たないので、子供がそれぞれ750万円分の遺留分減殺請求を内縁の妻に対して行うことになります。

☑ 遺留分には期限がある

　法定相続人が受け継ぐ財産が遺留分に満たなくても、そのままでは不足分は返ってきません。**遺留分減殺請求をして、はじめて不足分を受け取る権利が発生します。**

　遺留分減殺請求には期限があり、遺留分が侵害されていることを知ってから1年以内、相続開始後10年以内に行わないと無効になります。

　遺留分減殺請求をすれば不足分を受け取ることができますが、遺言書の指示が遺留分に足りないとトラブルになりかねません。

　遺言書を遺すときは、法定相続人の財産が遺留分を超えるように設定しましょう。

第4話 伯父：一郎編

遺留分の割合

法定相続人	法定相続分	遺留分
配偶者だけ	すべて	1/2
配偶者＋子供	配偶者 1/2、子供全員で 1/2	配偶者 1/4、子供全員で 1/4
配偶者＋父母	配偶者 2/3、父母で 1/3	配偶者 1/3、父母で 1/6
配偶者＋兄弟姉妹	配偶者 3/4、兄弟姉妹全員で 1/4	配偶者 1/2、兄弟姉妹なし
子供だけ	子供全員ですべて	子供全員で 1/2
父母だけ	父母ですべて	父母で 1/3
兄弟姉妹だけ	兄弟姉妹全員ですべて	なし

第5話 母：道子編

シーン1
遺産分割協議書が完成して

「ふう。これでいいのかな」
　世田谷の大山家のリビングルーム。道子、清彦、晴子の3人が遺産分割協議書を作りあげたところだ。テーブルの上は、相続関係の本、晴子がプリントアウトしたインターネットの相続資料、手書きのメモなどが散らばったまま。晴子が以前、フンッと鼻を鳴らす吉川税理士に向かって言っていた「まったくの素人」集団が、よくぞここまでやった、という雰囲気だ。3人の顔には、達成感が表れている。
「いいんじゃないかな。ネットに掲載されていたひな型もこんな感じだし」と清彦が言う。
「お父さんの氏名、本籍、住所。この家は土地、建物ともお母さんが相続することになっているし、○○銀行と××銀行の口座にある現金も振り分けてある。自動車は私だよね。保険金と死亡退職金も入っているし大丈夫じゃない？」と晴子も満足そうにうなずく。
「あとは、オレたちの実印を押して完成だ」
「ね、これ大事なものなんでしょ」
　今まで何も言わなかった道子が突然、口を挟んだ。実印を押すとなると、母親も緊張するらしい。清彦は微笑ましく思った。
「うん。親父の財産の分け方について、オレたちがこの内容で同意したという証書みたいなものだからね」

「ねえ、山田先生に見てもらわなくていいの?」
「山田先生? 山田先生は相続のことは詳しくないから、専門家に頼めって言ってたよ」
「でも、私たちよりはわかるんじゃない?」
「それはそうかもしれないけど……」
「ちょっと電話してみてくれないかしら。『日曜に恐縮ですが、素人が作った書類ですので、おかしいところがないか見てもらえませんか』って」
「山田先生ならやってくれるわよ」

　山田先生が引き受けることを前提に話を進める晴子。それを交渉するのは、例の如く清彦だ。大山家の力関係は、ことここに及んでもまったく揺るぎない。

　清彦はため息をついて、「わかったよ。山田先生の自宅の電話番号教えて」と書類を覗き込んでいる道子に尋ねた。

　　　　　　　＊　　　　＊　　　　＊

「すみません。よろしくお願いします」
　頭を下げながら、清彦が受話器を置いた。
「どうだった?」
「PDFで送ってくれれば、確認して明日、返事をするって言ってくれた。でもさ、日曜日なのによく引き受けてくれたと思って。なんか、強引に頼んじゃった感じだよ。おい、晴子、オレの代わりにPDF作って、山田先生にメールを送っておいてくれ。先生、待ってるんだから、早めに頼むぞ」
「了解。お兄様、おおせの通りに致します」

第5話 母：道子編

「ちゃかすな。じゃ、お母さん、今日はオレはこれで」
　晴子のおでこを軽く叩いて、清彦は玄関に向かう。
「はい、ご苦労さまでした。気をつけてね」
　道子は清彦の後姿に手を振る。

シーン2
「うちにも相続税がかかる？」

　晴子が台所で昼食の後片付けをしていると、電話が鳴った。
「ごめん。お母さん出てくれる？」
「はいはい」
　お茶を飲んでいた道子が、テーブルから手を伸ばして受話器を取る。
「もしもし、大山ですが」
「山田です」
「あぁ、山田先生。お休みのところ、ご連絡して申し訳ありません。この度は、子供たちが無理なお願いを申しまして……」と道子は電話に向かってぺこぺこ頭を下げている。
「いや、なかなかよくできてましたよ。ただね、保険金と死亡退職金は受取人が決まっているから、そういうのは、遺産分割協議書には入れなくていいんですよね。細かいところだけど、直したほうがいいのはそれくらいかな。その程度だったら僕でもできるから、直して送っておきますよ」

「それはご親切に。助かります」
「そんなことより、奥さん、相続税が大変ですよ」
「相続税？」
　自分の家の相続で税金がかかるとは、道子は思ってもみなかった。
「いやだ、先生。相続税って、お金持ちが払うものなんじゃないですか。ウチなんてこの世田谷の家と預貯金くらいしかないんですよ」
「その世田谷の家が、かなりの評価になりそうなんです。道子さんが住み続けているので、土地に関しては小規模宅地の特例が適用されて、評価がかなり減額されます。それでも、その家は駅に近いうえに、そうとう広いですしね。ざっと計算したところ1,000万円ほどになるんじゃないかな」
「1,000万円ですって！」
「ちょっと、お母さんどうしたの？」
　道子の声に驚いた晴子が、手を拭きながら台所から出てきた。
「あのね、1,000万円かかるんだって！！」
　道子は、1,000万円を、いっせん・まんえんと区切って晴子に答えた。
「なに言ってるの、お母さん。何が1,000万円なの？」
　晴子も訳が分からず、大きな声で返している。その声は山田にも聞こえているはずだ。
「もしもし？　道子さん？」
「あぁ、先生。すみません、ちょっとびっくりしてしまって。相続税が1,000万円って本当なんですか？」
「道子さんはずっとそこで暮らしてらっしゃるから、気付かない

第5話　母：道子編

かもしれませんが、その立地でその広さの家は、日本の平均から言ってもとび抜けた財産ですよ」
「そうなんですか……」
「よかったら簡単に説明しましょうか。明日の午後なら事務所にいますから」
「私一人だと心細いので、晴子も一緒に伺わせて頂きます。よろしくお願いいたします」

> シーン3

使ってしまったお金にも相続税が

　翌日の午後。「久しぶりに母娘水入らずで外出したい」と口実を作って光代に香の面倒を見てもらった晴子は山田税理士事務所の応接室で道子と山田税理士の話を聞いていた。
「相続税の計算では、税の対象となる課税価格をまず算出します。相続財産を基本として、そこから債務や葬儀費用を引いたものが課税価格です。二郎に債務はありました？」
「借金ですか？　家も親からもらったものなのでローンはありませんし、そんなに無理をしない人でしたから特にないはずです」
「葬儀費用は、仮に200万円で計算しておきました」
「葬儀費用って、お葬式代ですか？」
「埋葬、納骨の費用も相続財産から差し引けます」
「そこら辺は立て替えてくれたお兄ちゃんに聞かなきゃわからないけど、だいたいそれくらいだと思います」
「これ以上は専門的な話になるから、やっぱり、僕じゃなくて、相続に強い税理士に相談することをおすすめします。でもね、お話をうかがった限りではやっぱり1,000万円位になると思うんだよね」
「そんな大金……。いつまでに用意しないといけないんですか？」
「二郎が亡くなった日から10カ月以内に申告と納税を済ませる必要があります。物納や延納が認められることもありますが、申告と同時に納税するのが一般的ですね。遅れると余分な税金がか

第5話 母：道子編

かってくる可能性がありますから、納税資金は早めに準備したほうがいいと思いますよ」
「でも、1,000万円すぐに準備するなんてできないわ。お父さんが遺してくれた生命保険も崩さなきゃいけないかも」
　道子は不安そうに首を振る。
「お母さん、それはあとで。お兄ちゃんとも話し合わないといけないでしょ？」
　晴子は言ったものの、1,000万円をどうやって払うか、手立てがあるわけではない。
「とにかく一度相続に強い税理士に相談したほうがいいですね」
　山田はきっぱり言い切った。
　ところで、と前置きして山田は続けた。「税務署の調査は非常に厳しいので、ちゃんと確認しておいたほうがいいですよ。よくあるのが、亡くなった人の口座から移しているケースです」
「えっ、それって私のことじゃない？」
　道子が、突然立ち上がった。
「ちょっと母さん、落ち着いてよ。どういうことよ？」
「お父さんの施設の費用もあるし……。あなたたちには黙っていて悪かったけど、お父さんの定期預金を解約して私の口座に移したの」
「いつのことですか？」
「2年くらい前でしょうか……」
　正確な日にちまでは覚えてない、と道子は小さくつぶやいた。
「死亡日から3年以内ということですね。だったら、二郎の相続財産に加える必要があります」
「自分の口座に移してお父さんのために使おうと思ってた分も、

もともと口座に入ってたお金と一緒に全部使っちゃったんですけど……。それでも、お父さんの相続財産になるんですか？」
「申し訳ないけど、税金の世界では、本来、相続財産になるお金を生きている間にもらっていたという解釈になります」
「そうなると、その分、相続税も増えるってことですよね」
「すみませんが、そういうことになりますね」
　山田はまるで自分が悪いことをしたように、申し訳なさそうに頭を下げた。
「どうしよう……」
　道子は、全身から力が抜けたようにへなへなと床に座り込んだ。

　　　　　　　　＊　　　　＊　　　　＊

　山田税理士事務所から駅までの帰り道。1,000万円の相続税も堪えたが、それに加えて使ってしまった預金が相続財産になると聞かされ、2人の足取りは自然と重くなる。
「お母さん、私、こんなことになるなんて想像もつかなかったわ……。なんか、大変なことになっちゃった」
「私のせいよ。私が勝手にお父さんの預金を移すから……」
「お母さんのせいじゃないよ。それより、お兄ちゃんにこのことを話して、税金をどう払うか考えないと」
「お母さん、私、今日は家でご飯食べたくないな」
　晴子は母にもたれかかってつぶやいた。そうだ、今日はいろんなことがありすぎた。ご飯の支度なんて、とてもじゃないけどできない。
「そうね……ウナギでも食べて帰ろうか」

第5話　母：道子編

　これから多額の税金を払わなければならないのに、ウナギを出してくる母は事の重大さをわかってないのかもしれない……。しかし、疲れ切った母親の表情はそんな晴子の考えを即座に打ち消した。お母さん、私に気を遣ってくれてるんだ。毎日、香の世話で一杯一杯になっている私を知ってるんだ。ごめんね、お母さん。ホントはお母さんが一番大変なのに……。
「いいね、そうしよう。久しぶりにウナギを食べて、体力つけよう！」
　努めて明るい声で答えて、晴子は母親の手を取った。母娘は仲良く、ウナギ屋の暖簾をくぐった。

第5話解説①
相続税計算の全体像

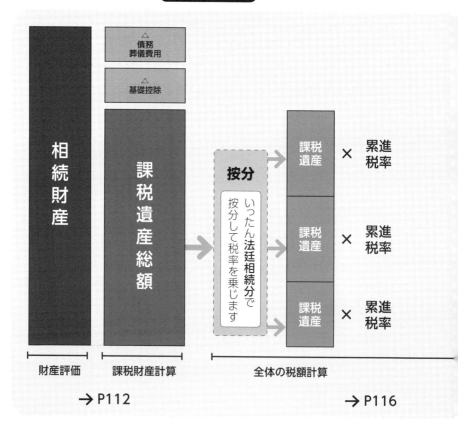

第5話 母：道子編

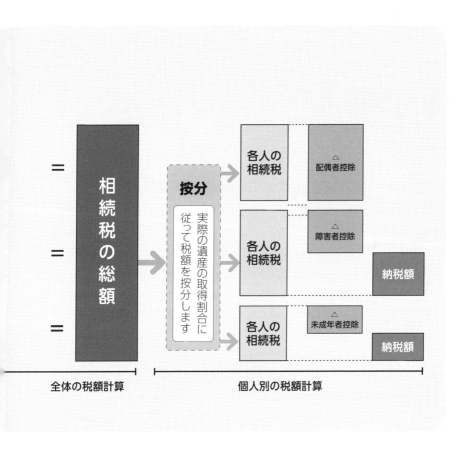

第5話解説②

相続税1　課税価格を計算する

☑ 課税価格が基礎控除額を超えたら相続税が発生

　相続税の計算をするときには、「課税価格」が重要です。課税価格が基礎控除額に満たないときは、相続税が発生しません。したがって申告の必要もありません（小規模宅地等の特例を受けた場合など、一定の場合には、課税価額が基礎控除以下であっても申告する必要があります）。逆にいうと、**課税価格が基礎控除額を超えた場合は、原則相続税が発生し、申告・納付の義務が生じます**。

☑ 生命保険金と死亡退職金には非課税限度額あり

　課税価格の計算の仕方は、114ページの図表の通りです。**「通常の相続財産」**は、第3話解説①で説明した被相続人が所有していた原則すべての財産のこと。この図表のような方法で、土地や株式、自動車などを換価します。ただし、墓地・墓石、仏壇・仏具などの祭祀財産は相続財産に含めなくていいことになっています。

　「みなし相続財産」とは、第3話解説②で説明したとおり、死亡保険金などの生命保険金、死亡退職金などが該当します。

　ただし、遺族の負担を軽減するため、生命保険金と死亡退職金には非課税限度額が設けられています。非課税限度額は、生命保険金と死亡退職金のいずれも**「500万円×法定相続人の数」**。受け取った生命保険金と死亡退職金が**非課税限度額を超えていたら、その分だけ「課税価格の計算の仕方」の計算式に入れます**。ただし、当該規定は法定相続人にのみ適用がある規定です。したがって、ストーリー内にあった孫・香が受け取る生命保険については、香は法定相続人でないため、適用を受けることができません。

> **ワンポイントチェック**
> **保険の解約返戻金**
>
> 第3話解説②で説明した故人が受取人になっている生命保険の解約返戻金は、通常の相続財産に加えます。こちらはみなし相続財産ではないため、非課税限度額は適用されません。

　相続や遺贈を受けた人が、故人の死亡前3年以内に受け取っていた財産は、みなし相続財産に該当します。大山家で母の道子が、夫である二郎の口座から自分の口座に預金を移管していました。これも死亡前3年以内の贈与なので、みなし相続財産になります。

　相続や遺贈の対象になっていない人や相続を放棄した人（遺贈により財産を受ける場合を除く）が受け取っていた財産は、みなし相続財産に入れる必要がありません。また、死亡の3年より前に受け取っていた財産も、みなし相続財産にはなりません。

☑ 故人の債務は相続財産から引ける

　相続財産から引けるものには**「債務」「葬儀費用」**があります。

　債務は、銀行からの借入金、故人が未払いのままになっている税金・ローン・入院費などです。亡くなった日までの故人の確定申告は法定相続人が行うことになっています。これを**準確定申告**といいます。準確定申告は、相続の開始（故人の死亡日）から4カ月以内に行います。また、死亡した年度の故人の市町村民税も法定相続人が支払います。**準確定申告による所得税、市町村民税はいずれも債務として相続財産から引くことができます。**

　葬式費用は、葬式・埋葬・納骨などにかかった費用です。ただし香典返しのための費用、初七日や四十九日などの法要にかかった費用は含まれません。葬儀のときに受け取った香典は、課税対象外。相続税も贈与税もかかりません。

課税価格の計算の仕方

通常の相続財産		債務		
現金、預貯金、不動産、株式など		銀行からの借入金、未払いの税金・ローン・入院費など		

$$\text{通常の相続財産} + \text{みなし相続財産} - (\text{債務} + \text{葬儀費用}) = \text{課税価格}$$

- 通常の相続財産：現金、預貯金、不動産、株式など
- みなし相続財産：生命保険金、死亡退職金、死亡前3年以内の贈与財産など
- 債務：銀行からの借入金、未払いの税金・ローン・入院費など
- 葬儀費用：葬式・埋葬・納骨の費用など

第5話 母：道子編

相続財産の評価方法

相続財産	評価額	備考
普通預金	相続発生日（死亡日）の残高	必ず金融機関で残高証明書の発行を受ける
定期預金	相続発生日（死亡日）の残高＋相続発生日に解約した場合の利息	必ず金融機関で残高証明書の発行を受ける
土地	路線価（路線価が表示されていない土地は、固定資産税評価額に国税庁が定めた倍率を掛けて算出）	市町村で土地評価証明書の発行が可能
建物	固定資産税評価額	市町村で家屋評価証明書の発行が可能
マンション	土地と建物の評価方法により算出したマンション全体の評価額のうち、持ち分の割合	
上場株式	故人死亡日の終値、死亡月・死亡前月・死亡前々月の毎日の終値の平均額のうち、最も価額が低いもの	
自動車	その自動車を現況で取得する場合の価額、または新品の小売価額－減価償却	財団法人　日本自動車査定協会で評価証明書の発行が可能
書画・骨董	鑑定士の鑑定額	通常の個人使用のものは計算不要。高価なもののみ相続財産に入れる
宝飾品	鑑定士の査定額	通常の個人使用のものは計算不要。高価なもののみ相続財産に入れる

第5話解説③

相続税2　相続税額を計算する

☑ 法定相続分に基づく相続税を計算する

課税価格が基礎控除額を超える場合、相続税が発生します。

課税価格＞基礎控除額＝3,000万円＋(法定相続人の数×600万円)

となります。
そして、課税価格が基礎控除額を超えた分に相続税がかかります。

課税価格－基礎控除額＝課税遺産総額

ということです。ここまでわかれば、相続税を計算することができます。
相続税の計算では、まず各法定相続人についてそれぞれの「法定相続分に基づいた相続税額」を出します。

課税遺産総額×法定相続分×税率－控除額＝
法定相続分に基づいた相続税額

となります。

第5話 母：道子編

相続税率

課税遺産総額×法定相続分	税率	控除額
1,000万円以下	10%	―
3,000万円以下	15%	50万円
5,000万円以下	20%	200万円
1億円以下	30%	700万円
2億円以下	40%	1,700万円
3億円以下	45%	2,700万円
6億円以下	50%	4,200万円
6億円超	55%	7,200万円

たとえば、故人となった夫に妻、長男という2人の法定相続人がいたとします。課税遺産総額を計算すると、2,000万円でした。この場合、

> 妻の法定相続分に基づいた相続税額＝
> 2,000万円×1/2×10％＝100万円

> 長男の法定相続分に基づいた相続税額＝
> 2,000万円×1/2×10％＝100万円

になります。

☑ 実際の相続分に基づく相続税を計算する

相続が法定相続分に沿って行われた場合は、これで計算は終わりです。

ただし遺産分割協議などの結果、相続が法定相続分に沿って行われなかった場合、「実際の相続分に基づいた相続税額」を計算する必要があります。

> 実際の相続分に基づいた相続税額＝
> 法定相続分に基づいた相続税額の合計×$\left(\dfrac{実際の相続額}{課税価格}\right)$

となります。先ほどの例で、夫の財産の課税価格が1億円あったとします。遺産分割協議の結果、妻が6,000万円、長男が4,000万円を相続することになりました。そうすると、

> 妻の実際の相続分に基づいた相続税額＝
> 200万円×（6,000万円/1億円）＝120万円

第5話　母：道子編

> **長男の法定相続分に基づいた相続税額＝**
> **200万円×（4,000万円/1億円）＝80万円**

となるわけです。

> **ワンポイントチェック**
> **相続税が2割加算される場合がある**
>
> 相続などによって財産を取得した人が「配偶者」「故人の父母・子供」「孫（故人に子供がおらず代襲相続したとき）」以外の場合、相続税が2割加算されます。故人の孫や兄弟姉妹などが相続した場合が、このケースに当たります。

☑ 配偶者には相続税軽減制度あり

　配偶者には、相続税の軽減制度があります。配偶者は、相続で取得した財産が「法定相続分」または「1億6,000万円」のいずれか多い金額を超えた分にのみ、相続税がかかります。先ほどの例では、妻の取得財産は6,000万円でした。法定相続分（5,000万円）は超えていますが、1億6,000万円を超えていないため、相続税の納税は発生しません。ただし、この軽減制度により相続税の納税が発生しない場合であっても申告の必要はありますので注意してください。

第1部　　大山家の相続・全記録

「相続税申告書」見本

第5話解説④
相続税のペナルティ税

☑ 10カ月以内に納付しないと延滞税がかかる

　相続税は、故人が死亡したことを知った日の翌日から10カ月以内に申告・納付しなければならないことになっています。

　10カ月以内に申告を済ませても、**相続税の納付が遅れると延滞税がかかります。**

　延滞税は、納期限の2カ月後までは年「7.3%」あるいは「特例基準割合（銀行の新規の短期貸出約定平均金利を基に計算）+1%」の低いほう、2カ月後以降は年「14.6%」あるいは「特例基準割合+7.3%」の低いほうです。

☑ 10カ月以内に申告しないと無申告加算税がかかる

　10カ月以内の期限までに相続税の申告を済ませていない場合は、**無申告加算税がかかってきます。**

　無申告加算税の税率は、**「税務署からの通知を受ける前に申告した場合」と「通知を受けたあとで申告した場合」で変わります。** 10カ月の申告期限が過ぎたあとでも、税務署からの通知や税務調査を受ける前、自主的に申告した場合は5％で済みます。しかし、税務署からの通知や税務調査が入ったあとに申告すると納税額の50万円までの部分には15％、納税額の50万円を超える部分には20％の無申告課税がかかってしまいます。

　無申告加算税には、加えて延滞税もかかります。くれぐれも、10カ月以内という期限を忘れないように注意しましょう。

> **ワンポイントチェック**
> **遺産分割協議が期限を越える場合**
>
> 　遺産分割協議が10カ月の申告期限までに成立していないときは、法定相続分あるいは遺言に書かれたすべての財産の配分（包括遺贈）の割合に従って財産を取得したものとして相続税を計算し、申告・納付します。

☑ 悪質な隠蔽・仮装には重加算税が発生

　申告した相続税について、自分で過少申告に気づき、自主的に修正申告をした場合はペナルティはありません。しかし、税務署から申告漏れの指摘を受けて追加納税することになった場合、**追加納税額に対して過少申告加算税がかかります。**

　税率は、追加納税額のうち、本来の納税額と50万円のいずれか少ないほうまでの部分は追加納税額の10％。追加納税額のうち、本来の納税額と50万円のいずれかを超える部分に関しては追加納税額の15％です。追加納税分にも延滞税がかかります。

　過少申告が意図的なものでなければ、過少申告加算税で済みます。しかし、相続税の計算において事実の隠蔽や仮装があったことが税務調査によって判明した場合は、重加算税がかかります。重加算税の税率は、期限内申告をした場合は35％、期限後に申告した場合は40％と高率です。当然、延滞税もかかります。また、悪質な場合は逮捕されることもあります。

　税務調査は、非常に厳しいものです。口座のお金の出入りはもちろん、過去の確定申告の内容まで細かくチェックされます。税務調査からは絶対に逃れられないものと思って、正しく申告するようにしましょう。

相続税のペナルティ税率

項目	内容	条件	加算税率
延滞税	納期限までに完納しなかった場合	納期限の2カ月後まで	年7.3%、あるいは特例基準割合＋1%の低いほう
	納期限までに完納しなかった場合	納期限の2カ月後以降	年14.6%、あるいは特例基準割合＋1%の低いほう
無申告加算税	税務署からの通知を受ける前に、自主的に期限後申告をした場合	———	5%
	税務署からの通知を受けたあとに、期限後申告した場合	納税額のうち、50万円までの部分	15%
	税務署からの通知を受けたあとに、期限後申告した場合	納税額のうち、50万円を超える部分	20%
過少申告加算税	税務署からの通知を受ける前に、自主的に修正申告をした場合	———	なし
	税務署からの通知を受けたあとに、修正申告した場合	追加納税額のうち、本来の納税額と50万円のいずれか少ないほうまでの部分	10%
	税務署からの通知を受けたあとに、修正申告した場合	追加納税額のうち、本来の納税額と50万円のいずれかを超える部分	15%
重加算税	悪質な隠蔽・仮装があった場合	納期限までに申告した場合	35%
		納期限後に申告した場合	40%

第5話解説⑤

相続した不動産を売却する

☑ 相続税申告期限から3年以内に売却した不動産には特例

　相続した財産のなかに不動産の占める割合が多い場合、手元にある現金や預貯金では相続税額に足りず、不動産を売却して納付することがあります。

　不動産を売却して得た所得には、譲渡所得税がかかります。

> **不動産の売却金額－取得費－譲渡費用（－特別控除額※1）＝**
> **課税譲渡所得額**

※1　自己の居住用の家屋やその家屋とともに敷地を譲渡した場合、譲渡所得金額から最高3,000万円までの控除を受けることができます。

> **課税譲渡所得額×税率20％（所得税15％※2、地方税5％）＝**
> **譲渡所得税額**

※2　2013年から2037年までの譲渡については、算出された所得税額に復興特別所得税として2.1％分が加算されます。

となります。

　ただし、相続した不動産を売却したときには特例が認められています。

　相続税の申告期限から3年以内に相続した不動産を売却したときに限り、相続税額の一部を上記の式の取得費に加算できるのです。そのため、**譲渡所得税額を低く抑えることができます。**

第5話　母：道子編

☑ 相続税の一部が不動産の取得費になる

詳しく見てみましょう。

前ページの式の取得費は、不動産を取得するためにかかった費用のこと。

土地の取得費は、購入代金、購入手数料などの合計額（購入代金、購入手数料などが不明な場合は売却金額の5％）。建物の取得費は、購入代金、建築代金、設備費、改良費などの合計額から減価償却費相当額を差し引いた金額です。

不動産を相続した場合、**相続税が不動産を取得するために要した費用とみなされるため、この取得費に加算できる**のです。

> 相続税のうち加算できる取得費の額＝
> その人の相続税額×｛（相続した不動産の合計額－物納および物納申請中の不動産の評価額）÷相続したすべての財産の合計額｝

となります。

☑ 特例の利用効果を計算で確かめる

たとえば、ある人が何カ所かの土地を相続し、そのうちの1カ所を8,000万円で売却したとします。先祖代々からの土地で購入代金がわからなかったため、取得費は5％の400万円とします。譲渡費用は200万円かかりました。居住用ではない更地だったため、特別控除の適用はありません。

この人の相続税額は1,000万円。相続したすべての財産の合計額は2億円で、売却した不動産の評価額は6,000万円でした。物納は利用していません。

この人が相続税の一部を取得費に加算しなかったとします。

すると、

$$課税譲渡所得額 = 8,000万円 - (8,000万円 \times 5\%) - 200万円 = 7,400万円$$

$$譲渡所得税額 = 7,400万円 \times 20\% = 1,480万円$$

となります。一方、この人が相続税の一部を取得費に加算したとします。すると、

$$取得費に加算できる相続税の額 = 1,000万円 \times (6,000万円 \div 2億円) = 300万円$$

となります。この額を加算して課税譲渡所得額を計算すると、

$$課税譲渡所得額 = 8,000万円 - (8,000万円 \times 5\% + 300万円) - 200万円 = 7,100万円$$

$$譲渡所得税額 = 7,100万円 \times 20\% = 1,420万円$$

加算しなかったときと比べて、**譲渡所得税額が60万円も減りました**。これは一例ですが、相続した不動産を売却するなら相続税の申告期限から3年以内に売り、特例を利用したほうが有利です。

> **ワンポイントチェック**
> **売却できる不動産かを確認する**
>
> 　不動産は上場株式とは異なり、売却に時間がかかることがあります。ものによっては数年、買い手がつかないことも考えられます。相続税支払いにあてようと考えていても、売却できなければ他の手段を用意しなければなりません。活用できる不動産かそうでないかを、あらかじめ見極めておくことが大切です。

大山家の相続

第6話

長男：清彦編

第 1 部 | 大山家の相続・全記録

シーン 1
没後にわかった父の債務

　世田谷の家のいつもの居間。道子と清彦、晴子がお茶を飲みながら話をしている。相続税の相談のため、道子が清彦を呼んだのだ。
「お母さん、1,000万円もかかるって本当？」
　電話で道子から聞いてはいたものの、想像を超えた金額に、清彦が改めて確かめずにはいられなかった。
「そうなんだって……。私もショックよ。山田先生も『詳しいことは相続に強い税理士に聞いてほしい』って言ってたけど」
「ひとくちに1,000万円と言ってもねぇ……」
「お兄ちゃん、しかも、基本的に一括払いなんだよ。お父さんが亡くなってから10カ月以内というのが法律で決まっているから。あと5カ月しかないんだよ！」
　ついつい晴子の声が大きくなる。無理もない。大山家にとって、1,000万円は「想定外」の金額だ。
「いまさら言われるのは、きついなあ。でも3人でなんとかするしかないね」
「お兄ちゃん、私、半分出すわ。生命保険を解約すれば何とかなると思う」
　思いつめた表情で晴子が言った。一人で子供を育てている晴子が、自分と子供のために積み立てている生命保険を税金の支払いに充てようとしている。清彦は絶句した。

第6話　長男：清彦編

「晴子、ありがとう。気持ちだけ受け取っておくよ。大丈夫、オレがなんとかするから」
「水臭いよ、お兄ちゃん。私だって働いてるんだから、そのくらい何とかできるよ」
「わかった。それじゃぁ、晴子の気持ちに甘えて100万円出してもらおうかな」
「了解、まかして」
　そのとき、リビングのテーブル脇の電話が鳴った。こんな時間にいったい誰だろう。道子が慌てて電話を取る。
　電話口の向こうから聞こえてきたのは、聞き覚えのない男の声だった。
「夜分突然、すみません。私、△△商事の高橋と申します。二郎さんはご在宅でいらっしゃいますか？」
「すみません、私、二郎の妻ですが、いったいどちら様ですか？」
「いや、奥さんですか。それはどうも。私、ご主人とちょっとした取引がありましてね、ご主人と代わって頂けますか？」
　高橋という男は、詳しいことを語りたくないようだった。
「あの……主人は亡くなったんですけど」
「えっ……」
　高橋が一瞬、息を飲む音がした。道子との間に微妙な沈黙が流れる。高橋は、道子が思ってもいなかったことを口にした。
「いや、奥さん、実はね。奥さんに話すようなことじゃないかもしれないんですけどね、ご主人も奥さんには内緒にしていたのかもしれないし。でも、ご主人が亡くなったのなら、しょうがない。実はね」
　高橋が語ったところによると、二郎は高橋の会社の連帯保証人

になっていたというのだ。さらに、高橋の会社はすでに倒産していたが、破産手続きに時間がかかったので電話したという。
「何ですって？」
　1,000万円の税金だけでも頭が一杯なのに、この電話の相手は訳がわからないことを言っている……。固く受話器を握ったままの道子から、晴子が慌てて受話器を奪い取った。高橋は電話の相手が変わったことにも気がつかず、話を続ける。
「連帯保証人なので、ご主人には1,000万円の債務を肩代わりして頂くことになります。でも、ご主人はお亡くなりになられたそうですから、私どもの方で手続きを進めさせてもらうってことで。また、連絡しますから」
　一方的にそれだけ言うと、唐突に電話は切れた。
「連帯保証人ですって？　お父さんが？」

晴子は、目の前が真っ暗になったような気がした。

家族の誰も知らない二郎の秘密。娘の前では几帳面で慎重な父親だったが、別の一面もあったのだろうか。晴子は、今まで抱いていた父親のイメージがガラガラと音を立てて崩れていくような感じがして、受話器を握りしめたまま、呆然と立ちつくしていた。

シーン2
相続放棄という手段

「おい、晴子！　大丈夫か？」

清彦から肩を揺すられ、晴子はハッと我に返った。

「あのね、お父さんがね、お父さんがね」

うまく言葉が出ず、子供のように繰り返すだけの晴子。

「だから、お父さんが何なんだよ？」

いらいらした口調で、清彦が問い詰める。

「お父さん、ある会社の連帯保証人になってたんだって。で、その会社が倒産したから、お父さん、その会社の借金を肩代わりして1,000万円払わなきゃならないんだって」

そこまで言って、晴子はわっと泣き出した。

「えっ、ちょっと待って。相続税で1,000万円かかって、さらに1,000万円かかるってこと？」

突然のことに事態が飲み込めない清彦は、思わず椅子から立ち上がりそうになる。

「晴子、それって、いつまでに払わなきゃいけないわけ?」と、うわずった声で尋ねる。

「わからない……。詳しいことは……また電話する、って……言ってた……」

晴子はしゃくりあげながら、清彦に答える。

「お母さん、この間、山田先生のところに行ったときに『債務はありません』って言ったけど、あったってことじゃないの?」と、清彦は道子に向かって言った。

これは山田先生に相談しなければいけないことかもしれないと、清彦は思った。山田先生は、自分は相続に詳しくないからと言うが、この期に及んでは、山田先生しか頼りになる人はいない。善は急げ。躊躇している暇はない。

「わかった。オレが明日、山田先生に連絡して、詳しいことを聞いてみる。晴子、大丈夫だよ」

「お兄ちゃん……ありがとう……」

しゃくりあげながら、子供のように晴子が抱きついてきた。いつもとはまったく違う展開に戸惑いながらも、清彦は晴子の背中を優しくさすった。

*　　　*　　　*

「山田先生、何度もすみません」

1週間前に道子と晴子が訪ねたばかりの山田税理士事務所の応接室で、清彦は頭を下げていた。

「気にしないでいいよ、清彦君、私もたまたま今日は時間が空いていてね。しかしなぁ、あの二郎が連帯保証人になっていたとは

第6話　長男：清彦編

驚きだな」
「僕も驚いてます。おそらく、仲の良い友人に頼まれて、軽い気持ちで引き受けたんじゃないかと思うんですよね。ウチの親父、案外、人がいいところがあるので。で、先生、いったいどうすればいいんでしょうか？　僕の理解では、こないだ先生がおっしゃっていた1,000万円の相続税がさらに増えそうなんですが……」
「いや、清彦君。二郎の借金は、相続財産から引くことができるんだよ」
「知らなかった。そうなんですか……。っていうことは、相続税が減るってことですか？」
「そうだよ。私が先週概算した金額より、175万円ほど減ることになると思う」
「1,000万円も財産が減るのに、税金はたったの175万円しか減らないんですか……。そうなると、税金は825万円ってことですね」
「相続放棄という手もあるけど、その場合、借金がなくなる代わりに、財産も相続できなくなるからね。道子さんと晴子さんの住む家もなくなる可能性がある。だから難しいだろうな」
　山田先生は、自分のことのように顔を曇らせる。
　そんな山田先生を見て、清彦は「本当にいい先生だな」と思った。自分は相続に詳しくないと言っていても、自分たちにとってみれば神様みたいな存在だ。山田先生に自分たちの相続をお願いしたいのに……と思っていたとき、
「そうだ！」と山田先生がいきなり膝を叩いた。
「相続税が払えないなら、延納という制度がある。どうだい、清

彦君、一度、税務署に相談に行ったら？」
「ありがとうございます、先生。早速、行ってみます」
　清彦は、自分のことのように親身になってくれている山田先生に、深々と頭を下げた。
「頑張れよ、清彦君。道子さんも晴子さんも何だかんだいって、君を頼りにしているんだよ」
　山田先生の激励に、清彦はもう一度、深く頭を下げた。

シーン3
厳しい
相続税延納の要件

「大山清彦さん。お待たせいたしました」
　仕事を休んで、初めて来た税務署に、清彦は緊張気味だった。
「よろしくお願いします」
「今日は、どのようなご相談ですか」
「あの、亡くなった親父、いや父の相続のことなんですけど。相続税って10カ月以内に支払わないといけないんですよね。でも、どうしても払えないときに延納ができる、って聞いたものですから。税金を払うのを遅らせることってできるんですか？」
「原則として、税金の納付期限を延ばすことはできません」と税務署の担当者は申し訳なさそうな顔をした。
「ただし、申請していただければ、こちらで審査させていただきます。それと、延納を受けるにはいろいろと条件がありましてね」と資料を渡してくれた。
　延納の条件は、清彦が想像していた以上に厳しいものだった。
　延納は使えないな……。清彦は、肩を落として税務署を後にした。
「清彦君、税務署に行ってみた？　どうだった？」
　清彦が自宅に戻ると、山田から心配そうな声で電話がかかってきた。
「延納はウチには合ってないみたいです。条件がいろいろあって……。ウチには無理だと思います」

「そうか、それは残念だね。そうなると、現金を用意するしかないよ。清彦君に言っても仕方のないことだけど、相続税で残された人が苦労しているケースはとにかく多いね」
「そうなんですか……」
　力なくうなずく清彦。
　万事休す。
　相続税が、大山家に重く重くのしかかっていた。

第6話　長男：清彦編

第6話解説①
債務の相続と相続放棄

☑ 債務も含めてすべての財産を相続する

相続するのは、故人のすべての財産です。このすべての財産には、故人が負っていた債務も含まれます。債務は、銀行からの借入金、故人が未払いのままになっている税金・ローン・入院費などです。

☑ 法定相続分の債務を法定相続人は負う

債務は、すべての法定相続人が自分の法定相続分を負うことになります。

たとえば、遺言書や遺産分割協議の結果、亡くなった父が負っていた1,000万円の債務を長男が引き継ぎ、母が自宅を相続することになったとします。

この場合、母は債務を一切払わなくていいように思われるかもしれません。

しかし、遺言書や遺産分割協議は、あくまで遺言によって遺贈を受ける受遺者や法定相続人の間で効力があるものです。債権者に対しては効力がありません。**債権者は、法定相続分の債務をすべての法定相続人に請求することができます。**

この例では、長男が債務をきちんと返済していたら、債権者との間に問題が発生しないことも考えられます。しかし、返済が十分にされていない場合などは、債権者から母に法定相続分500万円の返済請求が行く可能性があります。

☑ 債務もプラスの財産も放棄する相続放棄

法定相続人である限り、法定相続分の債務を負うことになります。プラ

スの財産だけを受け取り、債務を負わないということはできません。

ただし、法定相続人であることをやめれば、債務を負わなくても済むようになります。法定相続人をやめることを**相続放棄**といいます。相続放棄をすると法定相続人としての資格を失いますから、当然、プラスの財産を相続することもできなくなります。

> 🔍 ワンポイントチェック
> **生命保険は相続放棄しても受け取れる**
>
> 自分が受取人になっている生命保険の保険金は、相続放棄しても受け取ることができます。

☑ 相続放棄すると法定相続人が変わる

相続放棄をした人は、法定相続人からはずれます。ですので、**法定相続の同じ順位に他の法定相続人がいない場合は、法定相続人が繰り上がります**。

先の例で、相続放棄をした長男以外に子供がいなかったとします。すると、新たに父の父母が、父母がいなければ父の兄弟姉妹が新たに法定相続人になります。

相続放棄をすると、それまで法定相続人ではなかった人が新たに法定相続人になることがあります。債務があった場合、その債務も新たな法定相続人が負うことになります。トラブルを避けるため、相続放棄をするときは周囲の理解を得てから行うようにしましょう。

☑ 債務もすべて相続する単純承認

通常は、債務も含めて、故人の財産をそのまま相続することになります。これを**単純承認**といいます。

また、債務がどれくらいあるかわからない場合、プラスの財産を得た範

囲で債務を引き継ぐ方法もあります。これを**限定承認**といいます。ただ、限定承認は法定相続人全員の合意が必要な上、手続きも煩雑なのであまり利用されていません。

> **ワンポイントチェック**
> **相続放棄と限定承認に期限がある**
>
> 単純承認は申請が要りませんが、相続放棄と限定承認は相続の開始を知ったとき（故人の死亡日）から3カ月以内に家庭裁判所に申請する必要があります。これまでに申請を行わないと、自動的に単純承認することになります。3カ月はあっという間です。相続放棄、限定承認をするときには早めの決断が大切です。また、**申請までの期間に相続財産を一部でも売却すると単純承認したことになりますので注意してください。**

第6話解説②

延納と物納

☑ 延納が認められる3つの要件

相続税の納付ができないときには、納付期限までに延納の申請をします。相続税の延納には3つの要件があります。

1. 相続税が10万円を超えること。
2. 金銭で納付することを困難とする事由があること。
3. 延納する税額および利子税の額に相当する担保を提供すること（延納税額が50万円未満で、かつ延納期間が3年以下である場合は必要なし）。

この要件を満たして、延納の許可が降りれば、納付を困難とする金額の範囲内において延納することができます。遺産における不動産の割合にもよりますが、延納期間は5年から20年。延納期間は延滞税はかかりませんが、延納分に対して原則年3.6〜6.0%の利子税が発生します。ただし、軽減措置があり、特例割合を用いて算出した税率の方が低ければ、その税率が利子税の税率になります。

利子税の割合

区分		延納期間（最高）	利子税（年割合）	特例割合（延納特例基準割合が1.90%の場合）
不動産等の割合が75%以上の場合	不動産等に対応する税額	20年	3.60%	0.90%
	動産等に対応する税額	10年	5.40%	1.40%
不動産等の割合が50%以上75%未満の場合	不動産等に対応する税額	15年	3.60%	0.90%
	動産等に対応する税額	10年	5.40%	1.40%
不動産等の割合が50%未満の場合	立木以外の財産に対応する税額	5年	6.00%	1.50%

※適用される利子税の税率は、利子税または特例割合のいずれか低い方になる。表の特例割合は2014年の場合。

生活費を引いても足らない分にのみ延納は認められる

　ただし、「納付を困難とする金額」には厳しい規定があります。
「納期限において有する現金、預貯金その他の換価が容易な財産の価額に相当する金額」から「申請者及び生計を一にする配偶者その他の親族の3カ月分の生活費」を引いた額は、すべて納付可能な金額とされます。

もっている財産から家族３カ月分の生活費を引いて残ったお金が納付分に足らない場合に、足らない分が「納付を困難とする金額」となり、その足らない分に対してのみ延納が認められるのです。

> **ワンポイントチェック**
> **相続税は分割できる**
>
> 延納では、分割払いが認められることもあります。納税が難しいときは、まず税務署に相談してみましょう。

☑ 物納にも厳しい規定がある

キャッシュが用意できない場合、「物納」という制度もあります。物納できるのは、相続財産のうちの国債、地方債、不動産、社債、株式などです。

ただし、物納の制度が利用できるのは、延納によってでも金銭で納付するのが難しい場合だけです。また利用できる範囲も、金銭で納付するのが難しい金額に限られます。キャッシュをなるべく多く残したいから物納しようという、安易な考えは通用しません。

具体的には、納付すべき相続税額から「納期限において有する現金、預貯金その他の換価が容易な財産の価額に相当する金額」と「申請者及び生計を一にする配偶者その他の親族の３カ月分の生活費」を引き、さらに「延納によって納付することができる金額」を引いた残りの額に対してのみ、物納が認められることになっています。

大山家の相続

第7話

長女：晴子編

第7話　長女：晴子編

シーン1
凍結されていた二郎の預金口座

「そういうことで、親父の債務の分は少し相続税が減るけど、800万円くらいはオレたちが払わなきゃいけないらしい」
　山田税理士事務所に行った翌日、清彦は晴子に電話した。
「それと、相続税だけじゃなくて、親父の債務の分も3人で分けなきゃいけないんだ。相続税と合わせて1,800万円くらいになる」
「いっせん・はっぴゃく・まんえん？」
　晴子が電話口で大きな声を出した。
「どうするの、お兄ちゃん。これだけのお金、さすがに私たちには無理だよ。お母さんになんとかしてもらうしかないんじゃない？」
「母さんに甘えてばかりいるのもなぁ……。でも、いずれにせよ現金が必要になりそうだから、親父の預金をおろしておくか」
「わかった。私、明日、銀行に行ってくる」
　晴子はそそくさと電話を切った。

　　　　　　　　＊　　　　＊　　　　＊

　翌日の午後、○○銀行世田谷支店の窓口。朝一番で行ったのに、もう30分以上、待たされている。まったくもう、いったい、何分待たせたら気が済むの？

本来せっかちな性分の晴子は、待たされることが何より嫌いだ。イライラしながら待っていると、やっと晴子の順番が呼ばれた。慌てて窓口に向かう。
「申し訳ありませんが、お持ちいただいた書類だけでは、二郎様の口座から預金を引き出すことはできません」
「いったいどういうこと？　だって、預金を下ろすのに必要な書類は全部持ってきたのよ！」
　待たされた挙句、預金を下ろせないなんて。晴子は二郎の預金通帳、届出印に自分の実印、印鑑証明書、戸籍謄本を広げ、窓口の女性に見せながら、声を荒げた。
「口座をお持ちの方がお亡くなりになった場合、預金口座は自動的に凍結されることになっております。せっかくお越し頂きましたが、二郎様のお口座はすでに凍結されているため、お引き出しはできません」
「そんなこと言ったって……。じゃぁ、父の口座からお金をおろすにはどうしたらいいのよ？」
　ますます声が大きくなり、待合ソファに腰掛けていた人から好奇の目が晴子に注がれている。しかし、興奮した晴子は気づかない。
　窓口の女性は、必要書類が載っている紙を、晴子が広げた書類の脇に置いた。銀行所定の払い戻し請求書、二郎の戸籍謄本・預金通帳・届出印、相続人全員の戸籍謄本・印鑑証明書。そして遺産分割証明書。
「これらをご準備下さい。そうすれば、お父様の預金から自由にお金を引き出すことができます」
「わかったわ。これだけ揃えればいいのね？　出直してきます」

第7話　長女：晴子編

　せっかく実印や印鑑証明書を持ってきたのに、と思いながら、晴子はバックに書類をしまってそそくさと席を立った。
「ありがとうございました」
　機械的な窓口の女性の声が、晴子の背中に響いた。

　　　　　＊　　　＊　　　＊

　その夜、晴子は銀行での一部始終を清彦に電話で話していた。銀行での扱いに散々文句を言っている晴子に適当にあいづちを打ちながら、清彦は必要な情報を聞き出すのに成功していた。

「わかった、晴子。つまりは、オレの戸籍謄本と印鑑証明書も要るってことだね」
「そうなのよ、ホントにこんな書類まで。ったく、銀行って融通が利かないんだから！」
　またまた文句が出そうな雰囲気だった。こういうときは、早く話を切り上げるに限る。
「あと、遺産分割証明書が必要なんだね。この間の親父の借金のこともあるし、もう一度3人で話そうよ。今週末、世田谷に行くから」
　晴子の返事も聞かず、清彦は電話を切った。

シーン2
大山家の"争族"と意外な財産

「生命保険はお母さんと香にそのまま残すことにして、預金と死亡退職金で2,600万円。一郎伯父さんは今回の相続は関係ないってことで納得してくれたから、お母さんが1,300万円、オレが650万円、晴子が650万円で遺産分割協議書を作ったんだよね」
　予定通り、清彦は土曜日に世田谷の家を訪れた。道子、晴子との"相続会議"も、これで6回目になる。
「それで、1,000万円の相続税はお母さんが500万円、オレが400万円、晴子が100万円負担することになっていた、と」

第7話　長女：晴子編

　清彦が、これまでの状況を具体的に説明した。
「それから、親父が連帯保証人になっていた△△商事の債務が1,000万円。その債務は相続財産から引けるから、山田先生の試算によると、負担は実質825万円位になるらしい」
　清彦は、以前に作った遺産分割協議書を見ながら説明を続ける。
「家はお母さんに、自動車は晴子に渡すことになってるよね。相続税の負担を考えると、オレの場合、150万円くらいしか相続できないことになる。親父の借金の面倒までは、正直、ちょっと難しいなあ」と、清彦は眉間に皺を寄せながら、神妙な口調で言った。
「いいよ、清彦も晴子も。お父さんの相続だもの、配偶者の私が全部出すよ」
「いいんだって、お母さん。お母さんだって、これからお金が要るだろ。オレたちが何とかするからさ」
　道子は優しい息子の言葉にうなずきながらも、「半分くらいは大丈夫」と譲らない。しばらく二人の間で押し問答があったが、根負けした清彦が道子の提案を受け入れた。
「お母さん。じゃぁ、お言葉に甘えて、そうさせてもらう。晴子の負担はこれでいい？」
「私も厳しいよ……。これから香の学費もかかってくるしね」
「香の学費は、生命保険で何とかなるだろ？　ウチなんて、生命保険ないんだぜ」
「そんな……。だって、お父さんが保険をかけたときには誠一郎君は生まれてなかったんだから、仕方ないじゃない。そんなどうにもならないこと言わないでよ」と晴子が口をとがらす。
「そりゃ、そうだけどさ。でも、考えてみてくれよ。晴子は、香

ちゃんの保険と合わせて1,150万円ももらえるんだぜ。オレの息子の誠一郎もこれから学費がかかるのに、150万円だけなんだ。そのうえ、親父の借金までって、オレの家族は生活していけないよ」

　清彦が珍しく晴子に詰め寄った。
「まぁまぁ、二人とも落ち着いてよ。私が全部出せばいいんでしょ」と、道子は相変わらず持論を展開する。三人三様、それぞれの意見を言い合ったあと、晴子がため息をついた。
「わかったよ、お兄ちゃん……。じゃ、私が債務の分、100万円出すよ。これで勘弁してよ」

　珍しく言い争いをしたものだから、清彦はぜいぜいと肩で息をしている。
「あと325万円くらいか。どうするかな」

　疲れた清彦が伸びをすると、隣の和室にある茶道具が目に入った。お茶が趣味の二郎が、少しずつ溜めていたものだ。あれを売れば何とかなるか。いや、何とかならなくても今は1円でもお金が欲しいところだ。売れればいい。
「お母さん、あれ、売ろう！」

　唐突な清彦の言い方に、道子も晴子も思わず顔を見合わせる。
「売るって何を？」
「だから、親父の茶道具だよ。売れば税金の足しになるだろ？」
「そんな、清彦、いきなり……。私はね、長男であるあなたにお父さんの思い出の品として、持っていてもらおうと思ってたのよ。それをいきなり、売るだなんて」

　ダメよ、絶対、と道子は言った。
「お母さん、今はね、たとえ1円だってウチにはお金が必要なん

第7話　長女：晴子編

だよ。どうやって税金払うんだよ！」
　清彦は声を荒げた。
「だから、それは私が払うって最初っから言ってるじゃない！」
　道子も、どこからそんな声が出るのかわからないくらい大きな声で言い返す。
「お母さん、だったらこれからどうやって生活してくんだよ。霞食って生きていくわけにはいかないだろ？」
「清彦ったら……。お母さんの言ってることがわからないの？　あの茶道具はね、お父さんが大事にしてきたものなの。なぜ、それがわからないの？」
「わかってるさ。でもね、ウチには金が必要なんだ！」
「金、カネ、ってうるさいわね。いったい、清彦、誰の影響でそんなことを言うようになったの？　親思いのいい子だと思っていたのに……」
　清彦の態度の急変に、道子は目がうつろになっている。
　突然、道子は声を張り上げた。
「わかったわ、光代さんのせいね？　光代さんに、あなた言われたんでしょう？　私たちの財産はどうなるのって。光代さん、何も財産がもらえないから、せめてあなたがしっかり取りなさいよ、って言ったんでしょう？」
　あの嫁、とばかりに道子はまくしたてる。
「何言ってんだよ、お母さん。頭、おかしくなったの？　光代は関係ないよ！」
　茶道具の話が、いつの間にか嫁姑の問題にすり替わっている。
と、突然、晴子がパンパンと手を叩いた。
「ちょっと、ちょっと！　お母さんも、お兄ちゃんも大人げない

わねぇ……。お兄ちゃんも言いすぎだけど、お母さんも義姉さんのことを引き合いに出すのはおかしいよ。ここは冷静になろうよ」
　晴子は母親の顔を覗き込んで、お母さん、と声をかけた。
「わかってる。お母さんがあの茶道具大事にしてたの。お父さんと休みの日によく磨いていたよね。でもね、お母さん、残念だけど、お兄ちゃんも私も茶道具には興味がない。それより、何より、私たちは払わなければならない税金のことを考えなきゃいけないんだよ。わかるでしょ。お母さん？」と晴子は優しく言った。
「そりゃぁ、わかるけど……でも、私は長男の清彦に……」
「わかってるよ、お母さん」と晴子は優しく繰り返す。
「お兄ちゃんは、わかってる、お母さんの気持ち」と晴子はきっぱり言った。
「でもね、お母さん、やっぱり税金は払わなきゃいけないんだよ。そのためには、悲しいけど、お父さんの茶道具を売るっていうのが正しい選択のように私は思うんだ。お父さんだって、きっと、そう思ってるよ。僕の茶道具が役に立ったって」
　道子は静かに泣きだした。
　その後、晴子の言葉通り、二郎が大事にしていた茶道具は大山家に果報をもたらすことになるのであった。

　　　　　　　＊　　　　＊　　　　＊

　清彦が選んだ骨董屋は、青山でも老舗の店だった。骨董品の名店と言われている。そういう店を選んだのは、あれだけ父親の茶道具を手放すことに抵抗した、母親へのせめてもの償いなのかもしれない。出されたお茶にも手をつけず、清彦は店主の作業に見

入っていた。
「結構なお品物です。持ち主はとても大事にされていたのですね。保存状態もいいし、これはいい値がつきますよ」
　清彦は、休みの日に２人で手入れしていたという晴子の言葉を思い出していた。
　店主から提示された鑑定書を見て、清彦は思わず、息を飲んだ。持ってきた茶道具は12点だが、一番値がついたものは50万円を超えていた。合計額は、320万円となっていた。
　清彦は、「親父、ありがとう」と思わず呟いた。

清彦は、店を出るとすぐ道子に電話した。
「お母さん、親父の茶道具だけどね、320万円で引き取ってくれるって。親父は本当にいいものを残してくれたんだよ。お母さん、本当に、親父はすごいよ。それに、お母さんと親父で手入れしてたのもよかったって。保存状態がいいって褒められた」
「よかった、お父さん……。じゃぁ、これで相続税のほうは何とかなるのね」
　道子は二郎と過ごした日々を思い出したのか、声がうるんでいる。
「あぁ、バッチリだよ。これからそっちに行くから、遺産分割協議書を作りなおそう」
　これで本当に最後だ、と思いつつ、清彦は電話を切った。

シーン3
税理士の決定

「ご準備頂いた書類を確認させて頂きましたが、特に問題ございませんでしたので、お父様の口座凍結は解除させていただきます」
　○○銀行の窓口には清彦がいた。本当なら晴子が手配することになっていたのだが、晴子の「銀行に行くのだけは絶対に嫌」という強固な拒絶に負け、やむなく清彦が仕事の合間に出向いたのだった。
「遺産分割協議書も整っていらっしゃるとのことですので、これ

から相続税の申告・納付のご準備をされるということになりますね。差し出がましいようですが、余裕を持ってご用意されたほうがよろしいかと存じます。お知り合いの税理士の先生にでもご相談されて下さい」

　相続税の申告と言われて、清彦は山田先生の顔が真っ先に浮かんだ。先生は「自分は相続の専門家じゃない」って言ってたけど、オレたちの相続が何とかなったのも、みんな山田先生のお陰だ。相続の専門家って言ったって、鼻を鳴らして、オレたちのことを見下しているような税理士には頼みたくない。山田先生にお願いしよう。銀行を出てすぐ、清彦は山田税理士の事務所に電話をかけた。

　山田は運よく、事務所にいた。
「先生？　清彦です。お陰さまで無事に相続がまとまりましたよ。納税もできそうです。ありがとうございました」

　なぜ納税できることになったのかは、言わないでおいた。これは、自分の口から言うより、母親の道子から告げたほうがいいだろう。道子は自慢そうに「主人の茶道具が私たちを助けてくれたんですよ」と言うだろう。それでいい、と清彦は思った。
「そうか、清彦君、それはよかった。これから相続税の申告と納税の準備だね。まだまだ気が抜けないだろうけど、頑張って」

　自分の役目は終わったとばかりの言葉に、清彦は思わず苦笑した。これからオレが言うことを聞いたら、山田先生は受けてくれるだろうか。それとも固辞するだろうか。山田先生だったら、「わかった」とふたつ返事で受けてくれるような気もする。「実は先生、そのことなんですが」と清彦は話を切り出した。

第7話解説①
死亡にともなって必要な名義変更手続き

☑ 実際に財産を分割して相続は終わる

相続税を申告・納付すれば、相続の手続きが終わるわけではありません。遺言書や遺産分割協議書の内容に基づいて実際に相続財産を分割し、初めて相続の手続きが終わったことになります。**分割は売却、名義変更、現物の受け渡し（書画・骨董、宝飾品など）によって行います**が、ここでは名義変更の手続きについて説明します。

☑ 名義変更しないと不動産の売却ができない

相続時に名義変更が必要なものには、不動産、金融機関の口座、株式などがあります。なかでも相続財産として大きいのが、不動産です。

相続時の不動産の名義変更には、特に期限はありません。しかし、**名義変更で新たな所有者となった人でなければ、不動産を売却することができません**。また、名義変更をせずに放っておくと、その不動産を売却したり、次に相続するときの手続きが面倒になります。すみやかに名義変更するようにしましょう。

不動産の名義変更は、その不動産を管轄する法務局に故人の戸籍謄本、その不動産を相続する相続人の戸籍謄本などを提出して申請します。

☑ 預貯金の相続には金融機関口座の名義変更・解約が必要

故人の預貯金を相続するためには、金融機関の口座を名義変更してそのまま引き継ぐか、解約して別の口座に振り込む、解約して現金として受け取るといった手続きが必要です。

金融機関口座の名義変更・解約には、原則として遺言書あるいは遺産分割協議書、故人の戸籍謄本、相続人全員の戸籍謄本などが必要です。また金融機関により必要書類が異なりますので、必ず確認してから手続きするようにしてください。

> **ワンポイントチェック**
> **預貯金だけの分割協議書を作成できる**
>
> すぐにキャッシュが必要な場合などは、まず預貯金だけの遺産分割協議書を作成する方法があります。すべての遺産分割が終わっていなくても、預貯金の遺産分割協議書があれば名義変更・解約の手続きができます。

☑ 株式の名義変更は保管証券会社に依頼

　株式も名義変更が必要です。売却するにしても、故人の名義のままでは売却できません。株式を他の証券口座に移してから、売却することになります。相続人が証券口座を所有していない場合は、証券口座を新たに開設します。

　そして、故人が所有していた株式を管理する証券会社に名義変更の依頼書などを提出し、手続きをしてもらいます。非上場株式は証券会社で管理されておらず、会社によって手続きが違います。株式を発行した会社に問い合わせてください。

　その他、公共料金引き落とし口座、電話加入権などの名義変更をします。

[名義変更のチェックリスト]

種類	手続先
☐ 不動産	不動産を管轄する法務局
☐ 金融機関の口座	口座のある金融機関
☐ 株式	株式を管理している証券会社
☐ 自動車	自動車が登録されている陸運支局・自動車検査登録事務所など
☐ 公共料金引き落とし口座	電気会社、ガス会社、水道会社
☐ 電話加入権	NTT
☐ 借地	地主
☐ 賃貸住宅	大家
☐ 会員権(ゴルフ場など)	会員権発行元
☐ NHK受信料	NHK
☐ 火災保険	保険会社

記入シート [名義変更に必要な主な書類チェックリスト]

不動産
- ☐ ①登記申請書
- ☐ ②故人の出生から死亡までが記された戸籍謄本
- ☐ ③不動産を相続する相続人の戸籍謄本または抄本および住民票
- ☐ ④故人の住所が本籍と違う場合には、最後の住民票または戸籍の附票
- ☐ ⑤市区町村発行の固定資産評価証明書(提出する法務局、評価通知書が市区町村から送付されている場合は不要)

金融機関の口座
- ☐ ①金融機関所定の届出書
- ☐ ②遺言書または遺産分割協議書
- ☐ ③故人の出生から死亡までが記された戸籍謄本
- ☐ ④相続人全員の戸籍謄本
- ☐ ⑤相続人全員の印鑑証明書
- ☐ ⑥預金通帳、キャッシュカードなど

上場株式
- ☐ ①証券会社の所定の申請書
- ☐ ②故人の出生から死亡までが記された戸籍謄本
- ☐ ③相続人全員の戸籍謄本
- ☐ ④相続人全員の印鑑証明書
- ☐ ⑤遺産分割協議書(証券会社によって不要な場合もある)

※ 金融機関の口座、上場株式の名義変更で必要な書類は金融機関、証券会社によって異なるので、必ず確認すること。

第7話解説②
死亡にともなって必要な請求・停止手続き

☑ 生命保険金を請求する

名義変更ではなく、死亡にともなって請求手続きが必要になるものもあります。

生命保険の保険金は、故人が被保険者になっていた保険の保険会社に請求手続きをします。請求の期限は、一般の生命保険で3年ですが、2年としている保険会社もあります。約款で確認しましょう。郵政民営化以前の簡易保険の期限は5年です。

保険会社に死亡の連絡をすると、申請書類などが送られてきます。 提出する書類は、保険証券（保険証書）、死亡診断書、被保険者の死亡記載のある住民票など。提出書類も保険会社によって異なりますので、保険会社の指示にそって手続きを進めます。

☑ 遺族年金を請求する

故人が国民年金に加入していたときは「遺族基礎年金」「寡婦年金」「死亡一時金」のいずれかを、故人が**厚生年金に加入していたときは「遺族基礎年金」と「遺族厚生年金」**を、故人が共済年金に加入していたときは「**遺族基礎年金」と「遺族共済年金」**を受け取ることができます。

提出書類は受け取る年金の種類によって異なりますが、受取人の戸籍謄本、世帯全員の住民票の写しなど。申請先は、国民年金と厚生年金が全国の年金事務所、共済年金は各共済組合です。申請期限は死亡一時金が死亡日の翌日から2年、他の遺族年金は死亡日の翌日から5年です。

[請求手続きのチェックリスト]

	種類	手続先
☐	**生命保険の保険金**	故人が被保険者になっていた保険の保険会社
☐	**金融機関の口座**	口座のある金融機関
☐	**遺族年金（国民年金）**	全国の年金事務所
☐	**遺族年金（厚生年金）**	全国の年金事務所
☐	**遺族年金（共済年金）**	各共済組合
☐	**葬祭費・埋葬料**	市区町村の健康保険組合
☐	**高額療養費**	市区町村の健康保険組合

[停止・返納・退会手続きのチェックリスト]

	種類	手続先
☐	**健康保険**	市区町村または健康保険組合
☐	**運転免許証**	警察署
☐	**パスポート**	旅券事務所
☐	**携帯電話**	故人が契約していた携帯電話会社
☐	**インターネット**	故人が契約していたプロバイダ
☐	**クレジットカード**	当該クレジットカードを発行しているカード会社
☐	**各種会員証**	当該会員証の発行元

☑ 国民健康保険に加入なら葬祭費と埋葬料が支給

故人が国民健康保険以外の健康保険に加入していた場合は埋葬料が、国民健康保険に加入していた場合は葬祭費が支給されます。また、故人が市町村の国保など公的医療保険に加入していた場合には高額療養費の支給が受けられるケースがあります。申請先はいずれも市区町村の健康保険組合です。

☑ 停止・返納・退会手続きが必要になるものも

相続とは直接関係しませんが、健康保険やクレジットカードなど、死亡にともなって停止・返納・退会手続きが必要になるものもあります。相続の諸手続きと一緒に、すみやかに済ませるようにしましょう。

第7話解説③

遺言の執行を委託する遺言信託

☑ 相続手続きをスムースにする遺言信託

金融機関への手続きを忘れていたため、ストーリーの大山家ではちょっとしたトラブルになりました。

相続にはさまざまな手続きが必要です。相続人が高齢者の場合や相続人同士が遠方に離れている場合などは、なかなか手続きが進まなかったり、手続きを忘れてしまうことがあります。そうしたことから近年、**利用者が増えているのが遺言信託**です。

☑ 信託銀行などが遺言分割などの手続きを代行

遺言信託というのは、遺言書で「遺言執行者」を指定し、死後、遺言執

行者が遺言の内容にしたがって遺産分割の手続きを進めることをいいます。遺言執行者は未成年者および破産者以外は誰でもなれますが、信託銀行などを遺言執行者として遺言信託を進めるケースが多くなっています。

☑ 遺言書の内容が確実に実行される

　遺言信託のサービスでは、信託銀行が遺言書作成の助言から遺言書の保管、財産目録の作成、相続財産の管理、名義変更、換金、債務の弁済など遺言の執行に必要な手続きを行います。そして、終了時には遺言執行顛末報告書を作成します。

　遺言書の内容が確実に実行されること、相続人の負担が軽減されることなどがメリットです。

☑ 相続税の申告は税理士に相談を

　遺言信託のサービスにはさまざまなタイプがあり、遺言書作成の助言から遺言の執行までを行うものもあれば、遺言書の保管のみを行うサービスもあります。

　費用の目安は、遺言書の作成が20〜30万円、遺言書の保管が年間5,000〜6,000円ほど。遺言内容の執行は、相続税評価額を基にした額を相続財産ごとに算出し、その合計額が費用となります。また、遺言内容の執行には通常、100〜150万円ほどの最低報酬額が設けられています。

　ただし、相続税の申告は遺言信託では行っていないので、税理士などに相談するようにしましょう。

> **ワンポイントチェック**
> **相続関連に強い信託銀行がある**
>
> 　遺言書がない場合、遺産分割協議書作成の手伝いから、遺産分割協議書の内容にしたがった相続財産の名義変更、換価、債務の弁済などのサービスを行っている信託銀行もあります。

	遺言信託の主なサービス
相続発生前	遺言書作成の助言・手伝い
	遺言書の保管
	遺言書の定期的な照会
相続発生後	相続人・相続財産の確定
	財産目録の作成
	遺言書にしたがった相続財産の名義変更
	遺言書にしたがった相続財産の換金
	遺言書にしたがった債務の弁済
	遺言執行顛末報告書の作成

大山家の相続

第8話

税理士編

第 1 部 | 大山家の相続・全記録

> シーン1

紹介を受けた税理士

　山田税理士は、「僕の出番じゃないよ」と言いながら清彦の申し出をていねいに断った。「それでも先生にお願いしたいんです、僕たちは」と食い下がった。
「だったら、僕の後輩がやっている会計事務所を紹介するよ。僕と違って若い人たちだから、フットワークもいいと思う」
　山田税理士は、その会計事務所の住所と連絡先を清彦に教えた。

　　　　　　　＊　　　　＊　　　　＊

　東京駅にほど近いビルにある平和税理士法人では、入所１年目の駆け出し税理士、後藤が税務署に提出する書類の確認に追われていた。記入漏れや計算間違いがあっては、一大事だ。集中しているため、女性アシスタントが「お客様がいらっしゃいました」と呼びにきても気づかなかった。慌てて背広をひっかけ、上司の坂崎と一緒に会議室に向かう。
　後藤にとって、相続の案件は初めてだ。それに引きかえ、上司の坂崎は後藤と５歳しか歳が違わないのに、すでに何件もの相続を手掛けている。坂崎の仕事はていねいで親切、とクライアントからも評判が良かった。
　そんな坂崎と仕事でかかわるのは、願ってもないチャンスだった。期待に胸を膨らませ、後藤は会議室のドアをノックした。

第8話　税理士編

シーン2
税理士としての責務

　後藤と坂崎の前には、大山家の面々、道子、清彦、晴子がいる。
「本日は、ご足労いただきありがとうございます。大山様を担当させていただく坂崎です。よろしくお願い致します」
　名刺を出して挨拶した坂崎に続いて、後藤も大山家の3人に挨拶する。坂崎が3人に座るよう促しながら、「まずは、お亡くなりになられた方のお話をお聞かせいただけますか？」と切り出した。
　清彦も、晴子も顔を見合わせた。父親の話？　どういうこと？　それが相続とどう関係があるの？　坂崎は二人の顔に浮かんでいる疑問に答えるように、言葉をつなげた。
「相続は、人と人との繋がりが大切です。お亡くなりになられた方の思い出をお聞きするのがまず重要、と私どもは思っております」
　どんなに時間がかかっても、相続人の方々にとっては大事なことですからね、と笑みを浮かべながら、坂崎は説明した。
「そうですか。主人は58歳で亡くなりました。亡くなる前、2年位、脳梗塞で入院していましたけど……。私たちは、また元気になるからって思っていました」
　それなのに、と道子は唇をかみしめ、言い淀んだが、心を決めたかのように一気にしゃべりはじめた。
　二郎が倒れたときのこと、施設に入ってから大変だったこと、

相続のことで家族がもめたこと、二郎の大事にしていた茶道具を売ったこと……。ありとあらゆることを、道子は坂崎に話した。
　清彦も晴子も、あっけに取られてそんな道子を見つめている。清彦は、父親が亡くなって母親がどれだけ心細い思いをしたのか、そして、どれだけ自分達のことを考えてくれていたのかを、改めて理解した。ごめん、お母さん、オレ、ひどいことを言ってたかもしれない……。清彦はうつむいた。ふと隣を見ると、晴子はあふれる涙をハンカチで懸命にぬぐっている。
　みんな、大変だったんだ……。ここに同席していない光代のことが頭をよぎった。光代だって、頑張ってくれてたよな。親父の手紙が出てきてからは、何にも言わないでぐちゃぐちゃになったオレの机を片付けていた。大事な書類なんだよねって言って、きれいにファイルに綴じてくれたのは、光代だ。オレって、本当に自分のことだけで精一杯だったのかもしれない……。さまざまな思いが頭をもたげ、いたたまれない気持ちになる。
　だけど――と清彦は思った。母親にこんなことを語らせ、オレたちをこんな気持ちにさせる坂崎っていう税理士は、いったい何者なんだ？　坂崎は清彦がじっと見つめているのにも気づかず、うなずきながら道子の話に聞き入っていた。
「本当に大変でしたね。でも、二郎様も、お優しいご家族に恵まれてお幸せだったでしょう」
「ええ、本当に……。主人は私にとってかけがえのない人でした。家族のことを愛して大事にしてくれていました」
　道子はうっすらと微笑んでいる。話が一段落したところで、清彦は持ってきた書類を坂崎に見せた。
「すみません。僕たち、こういうもの作ったんです。素人なので

間違いもあると思うんですけど、ちょっと見て頂けませんか」
　大山家の面々の血と汗と涙の結晶、家系図、財産目録、遺産分割協議書が机の上に並べられていく。坂崎は、「喜んで」と言って、次々と書類に目を通していく。何点か清彦に尋ねる部分もあったが、それは清彦たちからすると思いもよらない、なるほど、と唸るようなことばかりであった。
　的を射た質問が繰り返され、しどろもどろになりながら清彦は必死に答える。
　坂崎達は、ものの10分もしないうちに、大山家の相続がどういうものか、どういう点に注意しなければならないかを、鮮やかに描き出していた。
　坂崎は書類をまとめて清彦に渡しながら、「ここまで揃えるのは、大変だったでしょう。私たちも、清彦さんたちが作成された資料を参考にさせて頂きながら、申告を進めていきます」
「使い物にならない」と言われることを覚悟していた清彦は、突然の褒め言葉に目をパチパチさせた。
「この資料が参考になるんですか？　素人がわけのわからないまま作ったものですが……」
　坂崎はそう言う清彦を優しく見ながら、「不明点は先ほどお尋ねしたことでだいたいわかりました。大丈夫ですよ」と答えた。
　やっぱり、この坂崎という税理士、ただものじゃない。清彦はその瞬間、「坂崎先生、僕たちの相続、よろしくお願いします」と頭を下げていた。道子も晴子もにっこり笑ってうなずいている。
「ありがとうございます。それでは、私どもで責任を持って進めさせていただきます。よろしくお願い致します」
　坂崎は最後まで、優しい笑みを絶やさなかった。

＊　　　＊　　　＊

「坂崎さん、お疲れさまでした」
　机に戻ると、後藤は坂崎に声をかけた。
「後藤君もお疲れさま。長い会議だったから疲れたんじゃないかい？」
「いえ、大丈夫です。それより、坂崎さん、すっかり大山さんたちの信頼を得たようですね」
「そうかな？　まだ、わからないよ。それより、山田先生にご紹介のお礼をお伝えしないといけないな」と机の前の電話を取った。
　そんな坂崎に向かって、後藤は言った。
「僕、坂崎さんのような税理士になりたい、と思っています！　今日は同席させて頂きありがとうございました。頑張ります」
　坂崎さんのような税理士、とはいつも後藤が思っていることだ。でも、それを面と向かって言ったのは今日が初めてだ。なぜだろう？
　大山家の波乱万丈の相続の話を、あざやかに坂崎が整理してみせたからか？　的確な指摘に息を飲む大山家の面々を目の当たりにしたからか？
　いや、そうではない。相続人の思いを大事にする、坂崎の人としての魅力に触れたからだ。みんな涙ぐんでいたが、最後は笑顔だった。笑顔にしたのは、坂崎だ。僕もそんな税理士になる、と後藤は強く心に誓った。
　平和税理士法人の窓の外には、満開を迎えた桜が、暖かな春の日を浴びて揺れていた。

第8話　税理士編

第8話解説①
相続関連手続きの
タイムスケジュールを確認する

☑ 期限を守って手続きを進める

　いろいろあった大山家の相続も、税理士の相続税申告・納付手続きを待つばかり。一段落ついたようです。

　最後に、一連の相続関連手続きのタイムスケジュールを確認しておきましょう。

　まず必要なのは、死亡届の提出です。死亡の事実を知った日から7日以内に、死亡地・本籍地・住所地いずれかの市区町村の戸籍・住民登録窓口に、提出します。

　故人が世帯主だった場合、14日以内に世帯主変更届を市区町村役所に出します。ただし、同じ世帯に15歳以上の人が1人しか一緒に住んでいなかった場合は必要ありません。そのほか、介護保険資格喪失届、国民健康保険資格喪失届の提出も14日以内です。

☑ 相続税の申告・納付期限「10カ月以内」を念頭に

　故人が所有していた自動車の名義変更は、原則として15日以内に行うことになっています。しかし、15日以内には遺産分割協議などが終わっていないことがほとんどです。ですので、15日を過ぎても罰則は設けられていません。

　相続放棄・限定承認の期限は3カ月以内です。**この期限を過ぎると、単純承認しかできなくなります**。故人の債務などを確認し、早めに相続放棄・限定承認の判断をします。

　そして重要なのが、相続税の申告・納付期限である10カ月以内です。

この期限を過ぎて申告すると無申告加算税がかかります。また、**この期限内には納付も済ませる必要があります**。申告をしても、納付が遅れると延滞税がかかります。遺産分割協議も、10カ月という相続税の期限を念頭に置いて進めるようにしましょう。
　そのほか、不動産や金融機関口座の名義変更などには特に期限は設けられていませんが、できるだけすみやかに行うようにします。

第8話　税理士編

相続関連手続きのタイムスケジュール

相続の開始（故人の死亡日）
↓
7日以内 — 死亡届の提出／死体火葬許可申請書の提出（死亡届の提出と一緒に行う）
↓
10日以内 — 年金受給停止手続き（国民年金は14日以内）
↓
14日以内 — 世帯主変更届の提出／介護保険資格喪失届の提出／国民健康保険資格喪失届の提出
↓
15日以内 — 自動車の名義変更（遅れても罰則なし）
↓
3カ月以内 — 相続放棄限定承認の手続き
↓
4カ月以内 — 故人の所得税等の準確定申告
↓
10カ月以内 — 相続税の申告納付
↓
故人の死亡日の翌日から2年以内 — 国民年金 死亡一時金の請求／健康保険の埋葬料の請求
↓
葬儀から2年以内 — 国民健康保険の葬祭費の請求
↓
医療費支払いから2年以内 — 高額療養費の請求
↓
3年以内 — 生命保険金の請求（2年以内の生命保険も有）
↓
相続税申告期限から3年以内 — 不動産売却の特例
↓
5年以内 — 郵政民営化以前の簡易保険保険金の請求
↓
故人の死亡日の翌日から5年以内 — 国民年金 遺族基礎年金寡婦年金の請求／厚生年金 遺族基礎年金遺族厚生年金の請求／共済年金 遺族基礎年金遺族共済年金の請求
↓
特に期限なし（できるだけすみやかに行う） — 不動産の名義変更／金融機関口座の名義変更／株式の名義変更／その他各種名義変更（公共料金引き落とし口座,NHK受信料など）／各種停止・返納退会手続き（健康保険,運転免許証,パスポートなど）

[相続関連手続きのタイムスケジュール表]

記入シート

手続き	期限	
故人の死亡日	年　月　日	
死亡届の提出 死体火葬許可申請書の提出	年　月　日	7日以内
年金受給停止手続き	年　月　日	10日以内き（国民年金は14日以内）
世帯主変更届の提出 介護保険資格喪失届の提出 国民健康保険資格喪失届の提出	年　月　日	14日以内
自動車名義の変更	年　月　日	15日以内
相続放棄・限定承認の手続き	年　月　日	3カ月以内
故人の所得税等の準確定申告	年　月　日	4カ月以内
相続税の申告・納付	年　月　日	10カ月以内
国民年金 死亡一時金の請求 健康保険の埋葬料の請求	年　月　日	死亡日翌日から2年以内

項目	期日	期限
国民健康保険の葬祭費の請求	年　月　日	葬儀から2年以内
高額療養費の請求	年　月　日	医療費支払いから2年以内
生命保険金の請求	年　月　日	3年以内
不動産売却の特例	年　月　日	相続税申告期限から3年以内
郵政民営化以前の簡易保険金の請求	年　月　日	5年以内
国民年金 遺族基礎年金・寡婦年金の請求 厚生年金 遺族基礎年金・遺族厚生年金の請求 共済年金 遺族基礎年金・遺族共済年金の請求	年　月　日	死亡日の翌日から5年以内
不動産の名義変更 金融機関口座の名義変更 株式の名義変更 その他各種名義変更 （公共料金引き落とし口座、NHK受信料など） 各種停止・返納・退会手続き （健康保険、運転免許証、パスポートなど）		特に期限なし（できるだけすみやかに行う）

第2部
賢い相続のための
応用編

応用編解説①
暦年贈与を活用する

☑ 相続税と贈与税はワンセット

　生前に財産をわたす「生前贈与」を活用すると、相続税を低く抑えられることがあります。

　相続に相続税がかかるように、**贈与には贈与税がかかります**。相続税と贈与税はワンセットです。もし贈与税がなかったとしたら、生前に財産を贈与すれば相続税がまったくかからないことになります。そういったことがないよう、相続税を補完する存在として贈与税が設けられています。

☑ 年間110万円まで贈与税はかからない

　178～179ページの表の通り、贈与税率は相続税率よりも高めに設定されています。これだけ見ると、贈与するより相続したほうが得なように見えるかもしれません。しかし、贈与にはメリットがあります。110万円分が基礎控除として認められており、**年間の贈与額が110万円を超える分にのみ贈与税がかかります**。

　贈与税は、その年の1月1日から12月31日までに受け取った贈与の合計を、翌年の3月15日までに申告することになっています。1年単位で贈与することになるため、これを**「暦年贈与」**といいます。

☑ 10年で1,000万円分の贈与が無税に

　毎年110万円以内で贈与すれば、税金を支払うことなく財産をわたすことができます。たとえば、毎年100万円を贈与すれば、10年で1,000万円分の財産を無税でわたすことができます。110万円の基礎控除は、1人ずつ適用されます。2人に毎年100万円ずつ贈与すれば、2,000万円分の

財産を税金を払うことなくわたすことができます（死亡前3年間の贈与分だけはみなし相続財産となり、相続税の対象になります。ただし、相続または遺贈により財産を受けない者に対する贈与は、みなし相続財産にはなりません）。

☑ 贈与を受けた人が財産を管理する

贈与では、財産が贈与した相手に実質的にわたっている必要があります。

たとえば、贈与分を入金していた預金通帳を故人が管理していた場合、贈与とみなされません。全額が故人の財産と判断され、相続税の対象になります。

贈与を行うときには、できれば贈与契約書を作成して双方が署名・捺印を行うようにしましょう。そして預金通帳は、贈与を受けた人が通帳と印鑑を管理するようにします。

相続税の税率と控除額

取得金額	税率	控除額
〜200万円以下	10%	0万円
〜300万円以下		
〜400万円以下		
〜600万円以下		
〜1,000万円以下		
〜3,000万円以下	15%	50万円
〜5,000万円以下	20%	200万円
〜1億円以下	30%	700万円
〜2億円以下	40%	1,700万円
〜3億円以下	45%	2,700万円
〜6億円以下	50%	4,200万円
6億円超	55%	7,200万円

贈与税の税率と控除額

基礎控除後の 課税価格	20歳以上の者が直系尊属 から贈与を受けた場合		左記以外の場合	
	税率	控除額	税率	控除額
～200万円以下	10%	0万円	10%	0万円
～300万円以下	15%	10万円	15%	10万円
～400万円以下	15%	10万円	20%	25万円
～600万円以下	20%	30万円	30%	65万円
～1,000万円以下	30%	90万円	40%	125万円
～1,500万円以下	40%	190万円	45%	175万円
～3,000万円以下	45%	265万円	50%	250万円
～4,500万円以下	50%	415万円	55%	400万円
4500万円超	55%	640万円	55%	400万円

応用編解説②
相続時精算課税制度を活用する

☑ 2,500万円まで贈与税が非課税に

　贈与の方法には、暦年贈与のほかに**「相続時精算課税制度」**があります。

　相続時精算課税制度では、**通算して2,500万円までの贈与に対して贈与税がかかりません**。2,500万円を超えた分に、一律20％の贈与税がかかります。

☑ 60歳以上の親または祖父母が贈与する

　相続時精算課税制度を利用するには、要件があります。

　贈与する側は、60歳以上の親または祖父母であること。贈与を受ける側は、20歳以上の子・孫であることです。

　相続時精算課税制度の選択を税務署に申請すれば、以降は2,500万円までの贈与に対して贈与税がかかりません。これは1人ずつ適用できますので、**子供2人に相続時精算課税制度で贈与すれば、5,000万円分の贈与に対して贈与税がかからないことになります**。

☑ 贈与を受けた額は相続財産に加算する

　ただし、相続時精算課税制度で受け取った額は、贈与した親が亡くなったとき、親の相続財産に加算しなければなりません。**前もって受けた贈与を相続時に精算する**ために「相続時精算課税制度」という名前になっているのです。

「相続時精算課税選択届出書」見本

7 相続時精算課税選択届出書の様式

相続時精算課税選択届出書

（平成21年分以降用）

受贈者
- 住所又は居所：〒　　電話(　-　-　)
- フリガナ
- 氏名（生年月日）：(大・昭・平　年　月　日)　㊞
- 特定贈与者との続柄

平成　　年　　月　　日
　　　　税務署長 殿

○「相続時精算課税選択届出書」は、必要な添付書類とともに申告書第一表及び第二表と一緒に提出してください。

私は、下記の特定贈与者から平成＿＿年中に贈与を受けた財産については、相続税法第21条の9第1項の規定の適用を受けることとしましたので、下記の書類を添えて届け出ます。

記

1　特定贈与者に関する事項

住所又は居所	
フリガナ	
氏名	
生年月日	明・大・昭・平　年　月　日

2　年の途中で特定贈与者の推定相続人となった場合

推定相続人となった理由	
推定相続人となった年月日	平成　年　月　日

3　添付書類

次の(1)〜(4)のすべての書類が必要となります。
なお、いずれの添付書類も、贈与を受けた日以後に作成されたものを提出してください。
（書類の添付がなされているか確認の上、□に✓印を記入してください。）

- (1) □　受贈者の戸籍の謄本又は抄本その他の書類で、次の内容を証する書類
  - ① 受贈者の氏名、生年月日
  - ② 受贈者が特定贈与者の推定相続人であること
- (2) □　受贈者の戸籍の附票の写しその他の書類で、受贈者が20歳に達した時以後の住所又は居所を証する書類(受贈者の平成15年1月1日以後の住所又は居所を証する書類でも差し支えありません。)
- (3) □　特定贈与者の住民票の写しその他の書類で、特定贈与者の氏名、生年月日を証する書類
- (4) □　特定贈与者の戸籍の附票の写しその他の書類で、特定贈与者が65歳に達した時以後の住所又は居所を証する書類(特定贈与者の平成15年1月1日以後の住所又は居所を証する書類でも差し支えありません。)
  - (注)1　租税特別措置法第70条の3(特定の贈与者から住宅取得等資金の贈与を受けた場合の相続時精算課税の特例)の適用を受ける場合には「平成15年1月1日以後の住所又は居所を証する書類」となります。
  - 2　(3)の書類として特定贈与者の住民票の写しを添付する場合で、特定贈与者が65歳に達した時以後(租税特別措置法第70条の3の適用を受ける場合を除きます。)又は平成15年1月1日以後、特定贈与者の住所に変更がないときは、(4)の書類の添付を要しません。

(注) この届出書の提出により、特定贈与者からの贈与については、特定贈与者に相続が開始するまで相続時精算課税の適用が継続されるとともに、その贈与を受ける財産の価額は、相続税の課税価格に加算されます（この届出書による相続時精算課税の選択は撤回することができません。）。

作成税理士	㊞	電話番号	
※ 税務署整理欄	届出番号	名簿	確認

※印欄には記入しないでください。

(資5-42-A4統一)(平22.10)

68

http://www.nta.go.jp/tetsuzuki/shinkoku/zoyo/tebiki2010/pdf/25.pdf

> **ワンポイントチェック**
> **贈与税の還付**
>
> 相続時精算課税制度を利用しても、2,500万円以上の贈与があった場合には贈与税を払います。この贈与税分は相続税から引かれることになっていますので、二重に税金を払うことにはなりません。払った贈与税が相続税より多い場合は、その分が還付されます。

☑ 税金対策ではなく財産を先に渡せるのがメリット

相続時精算課税制度では、贈与時には2,500万円まで贈与税がかかりません。しかし、**受け取った財産は相続財産に加算します**。そのため、相続税の対象になります。相続時精算課税制度は、税金対策のための制度とはいえません。

相続時精算課税制度でメリットがあるのは、基礎控除額の範囲内に収まって、相続税がかからないと思われるケースです。相続税がかからないのなら、2,500万円までで財産を贈与したほうが、先に財産を渡せることになります。

☑ 財産の価値が下がればその分不利に

暦年贈与は控除額が年間110万円までなので、不動産の贈与には向いていません。基本的に、キャッシュを長期間にわたって贈与するのに向いている制度です。

しかし、相続時精算課税制度では不動産の贈与が考えられます。

たとえば、自宅以外に贈与税評価額2,500万円くらいのマンションを2戸もっていて、家賃収入を得ていたとします。このマンションを子供2人に1戸ずつ贈与すれば、自分の所得税は減り、子供に家賃収入が入り続けることになります。将来、その分の相続税はかかりますが、家賃収入が貯まれば、相続税の備えになります。

ただし、相続時精算課税制度では、相続税を計算する際の財産の評価に**相続時ではなく贈与時の評価額が採用されます**。贈与を受けた不動産の価値が下がってしまえば、その分、不利になります。

　贈与を受けたときに2,500万円の価値だったマンションが、相続時に2,000万円まで下がってしまったとします。そうすると、2,000万円の価値しかないものに対して、2,500万円の価値で相続税を計算しなければなりません。

　もちろん、逆もありえます。3,000万円に価値が上がっても、2,500万円の価値で相続税を計算することになりますので、価値が上がれば有利です。

　ただ、不動産の価値は予測が非常に難しいものです。また、**いったん相続時精算課税制度を選択すると、どんな事情があっても暦年課税に戻ることはできません**。相続時精算課税制度を選ぶときは、税理士などの専門家に相談することをおすすめします。

応用編解説③

教育資金一括贈与の非課税制度を活用する

☑ 1,500万円までの教育資金が非課税

　2013年4月1日から2015年12月31日までの時限措置ですが、父母・祖父母から30歳未満の子・孫に教育資金を一括贈与した場合、1,500万円までが非課税になります。

　用途は教育資金に限定されますが、それが1,500万円まるごと非課税で財産を渡すことができます。特に、子供夫婦が若くて収入が充分でない場

合、孫の教育資金を祖父母が助ける方法として有効です。

☑ 信託銀行の口座に教育資金を入金

現在、大手信託銀行がこの制度のための「教育資金贈与信託」を設けています。

仕組みは、まず口座を開設して、贈与資金を入金します。そして、「教育資金贈与信託申込書」と「教育資金非課税申告書」を提出します。書類が揃うと、贈与をする父母・祖父母側の口座から、贈与を受ける子・孫の口座に贈与資金が振り替わります。

払い出しをするときは、口座のある信託銀行に「学校などの教育資金に当てた領収書」を提出します。**信託銀行は教育に使われたお金であることを確認し、贈与を受けた子・孫に領収書の額を支払います。**

☑ お稽古ごとの月謝も適用の対象

この制度の教育資金として認められるのは、学校などの入学金、授業料、入学試験検定料など。学用品の購入費や修学旅行費、学校給食費なども教育資金として認められます。

また、学校以外に「社会通念上、教育資金に入ると認められるもの」についても適用されます。学習塾やそろばん塾、水泳教室、ピアノ教室などお稽古ごとの月謝です。ただし、こちらの費用は**500万円が非課税の上限**となっています。

☑ 残額には贈与税がかかる

この制度は、贈与を受けた子や孫が30歳になったとき、または1,500万円を使い切ったときに終了します。30歳になった時点で残額があった場合、残額は子や孫に対しての贈与として、贈与税がかかります。

また、口座に入れたお金は、教育資金以外には引き出せません。生活費などには当てられないので注意が必要です。1,500万円を信託しなければ

いけないわけではなく、500万円でも1,000万円でも制度の利用は可能です。自分の必要資金を充分に考えた上で、信託額を決めてください。

教育資金一括贈与の非課税制度で認められる教育資金

学校等に対して直接支払われる次のような金銭

1. 入学金、授業料、入園料、保育料、施設設備費または入学（園）試験の検定料など

2. 学用品の購入費や修学旅行費や学校給食費など学校等における教育にともなって必要な費用など

※「学校等」とは、学校教育法で定められた幼稚園、小・中学校、高等学校、大学（院）、専修学校、各種学校、一定の外国の教育施設、認定こども園または保育所等など

学校等以外に対して直接支払われる金銭で社会通念上相当と認められるもの

1. 教育（学習塾、そろばんなど）に関する月謝や施設の使用料など

2. スポーツ（水泳、野球など）または文化芸術に関する活動（ピアノ、絵画など）その他教養の向上のための活動に係る指導への月謝、使用する物品の購入に要する金銭など

「教育資金非課税申告書」見本

http://www.nta.go.jp/tetsuzuki/shinsei/annai/sozoku-zoyo/annai/pdf/201304_01.pdf

応用編解説④

小規模宅地などの特例を活用する

☑ 一定面積まで土地の評価額が減額

　故人が住んでいた家を相続した場合、その家に相続人が住み続けるケースがあります。また、故人が事業を営んでいた宅地を相続して、そのまま事業を継続することも少なくありません。

　相続人の生活基盤を守るため、こうした宅地を相続した場合には、一定面積まで土地の評価額が減額されることになっています。これが**「小規模宅地等の特例」**です。

　小規模宅地等の特例が適用される宅地には、「故人が居住していた宅地」「故人と生計をともにする親族が居住していた宅地」「故人が所有していた貸付け事業用の宅地（賃貸マンション・アパートなど）」「故人が所有していた貸付け事業以外の事業用の宅地」などがあります。

☑ 故人が居住していた宅地では、330㎡まで80％減額

　「故人が居住していた宅地」の場合、330㎡までの評価額が80％減額されます。その宅地の土地評価額が5,000万円だったとしたら、相続税の申告では1,000万円の評価額で済むことになります。

　ただし、この減額を受けるためには要件があり、故人の親族が相続した場合には、相続開始から相続税の申告期限まで、その家屋に住み、かつその土地を所有していなければなりません。なお、故人の配偶者がその宅地を相続した場合には、上記のような要件は特に設けられていません。

　また、故人と同居していなかった親族が相続した場合には、故人に配偶者がおらず、かつ同居している法定相続人がいなかったこと、および相続

開始3年以内に自己の持ち家がないことが条件になります。

> **ワンポイントチェック**
> **二世帯住宅も同居と見なされる**
>
> 外階段を設置し、内部では行き来ができない二世帯住宅は、以前は故人との同居とは認められませんでした。しかし現在は要件が緩和され、内部で行き来ができない二世帯住宅でも同居と認められます。

☑ 故人が老人ホームに入っていても適用

「故人と生計をともにする親族が居住していた宅地」というのは、故人が生前、老人ホームや介護施設などに入っており、家には親族が住んでいたようなケースです。こちらも、330㎡までの評価額が80%減額されます。

このケースで特例が適用されるのは、**故人の配偶者か、その家に住んでいた親族が相続した場合に限られます**。その家を相続しても、その家に住んでいなかった親族には適用されません。また、その家に住んでいた親族が相続した場合にも、相続開始から相続税の申告期限までその家に住み続け、その土地を所有していることが条件になります。

☑ 賃貸マンションでは居住部屋だけが80％減額の対象

「貸付け事業用の宅地」というのは、故人が所有していた賃貸マンションやアパートなどです。このケースでは、**200㎡までの評価額が50％減額されます**。

以前は、たとえば故人がマンションの1室に住み、ほかの部屋を貸家にしていても、マンション全体が居住用宅地とみなされました。マンション全体に対して、240㎡まで80%減額が認められていました。しかし、現在は住んでいた部屋だけが居住用で、ほかの部屋は貸家用宅地だとみなされます。

「貸付事業用の宅地」では、相続を受けた人が相続税の申告期限まで貸付事業を継続し、かつその宅地を所有している必要があります。

「貸付事業以外の事業用の宅地」は、商店などです。こちらは、400㎡まで80％減額。「貸付事業用の宅地」と同じように、相続を受けた人が相続税の申告期限まで事業を継続し、かつその宅地を所有している必要があります。

応用編解説⑤

生命保険金の非課税枠を活用する

☑ 保険料の分、課税価格を抑えられることに

生命保険の保険金は、相続人の生活を守るものです。そのため、相続税の非課税枠が設けられています。

生命保険金の非課税枠＝500万円×法定相続人の数

となります。

預貯金は、相続税の課税対象です。しかし、配偶者や子供に500万円ずつ死亡保険金がおりるように保険をかけておけば、支払った保険料の分、課税価格を抑えることができます。

もちろん500万円の枠をいっぱいに使う必要はなく、200万円、300万円といった死亡保険金の設定でも、資産を預貯金から生命保険に振り分けることができます。

☑ 当座の資金としても有効

　生命保険金は、保険会社に必要書類を提出すればすぐに受け取ることができます。一方、預貯金は故人死亡後、ただちに口座が凍結されるため、故人の預貯金を現金化するには遺産分割協議書などが必要になり、時間を要します。すぐにおりる生命保険金は、葬祭費、納税資金など、当座の資金不足を解消するためにも有効です。

☑ 遺したい人に資産を遺す

　受取人を指定できるのも、生命保険のメリットです。
　遺言書を遺さなかった場合、相続財産は故人の遺志とは関係なく、法定相続人の協議によって分割されます。
　しかし、生命保険では生前に、受取人を自由に指定できます。本当に遺したい人に、財産を分けることができます。

応用編解説⑥

生前に墓地・墓石を購入する

☑ 墓地・墓石代分のキャッシュが非相続財産に

　墓地、墓石、仏壇・仏具は、相続財産には含まれません。ですので、生前に墓地や墓石を買っておくと、本来は相続財産になるはずの墓地・墓石代分のキャッシュが、相続財産に含まれないことになります。
　しかし、あまりに高価なものは相続財産とみなされることがあります。骨董品として価値がある仏具や純金製の仏具など、換金性の高いものです。また明確な基準があるわけではありませんが、並外れて豪華な墓は相続財産とみなされる可能性があります。

☑ 老後の安心のためにも検討を

生前に墓地や墓石の話をするのは、ためらわれるかもしれません。しかし、墓地や墓石を見に行くと、「誰に墓守を頼みたいのか」といった話もしやすくなります。相続対策だけでなく、安心して老後をすごすためにも、生前に墓地・墓石を購入するのはひとつの方法です。

応用編解説⑦

不動産の評価額減を活用する

☑ 賃貸物件は評価額が大きく下がる

キャッシュを不動産に換えて相続すると、効果的に資産を遺すことができます。

相続において、土地は路線価が相続税評価額になります。路線価は、実勢価格の80％ほどです。建物は固定資産税評価額が基準。これは、建築価格の60％が目安です。

その不動産を賃貸物件にすれば、さらに評価額は下がります。

賃貸物件には「借地権」「借家権」があります。借地権というのは、借家の土地について入居者がもっている権利のこと。約60〜80％が入居者の権利となり、所有者の権利は残り20〜40％です。

同じように、借家権は借家の建物について入居者がもっている権利で、入居者が30％、所有者の権利は70％になります。ですので賃貸物件の場合、

土地の相続税評価額＝路線価80％×
（1－借地権割合約70％×借地権割合30％）＝63.2％

> 建物の相続税評価額＝固定資産税評価額60％×所有者の権利分70％＝42％

が目安となります。

☑ 1億5,000万円のアパートが半額近くの評価に

たとえば1億円の土地に5,000万円で建物を建て、賃貸アパートとします。そうすると、

> 土地の相続税評価額＝1億円×80％×（1－70％×30％）＝6,320万円
>
> 建物の相続税評価額＝5,000万円×60％×70％＝2,100万円

で、合わせて8,420万円となります。

1億5,000万円のキャッシュを相続すると1億5000万円がそのまま課税価格に加算されますが、賃貸物件にすると8,420万円まで資産が圧縮されることになります。

☑「入居者が入りやすく、売却しやすい」が必須条件

もちろん、賃貸物件は必ずしも新築する必要はありません。マンションの1室などを購入し、賃貸に出す方法もあります。

しかし、物件を建てるにしても、購入するにしても、入居者が入らなければ固定資産税、管理費、修繕費などで資産はどんどん減っていきます。また、入居者が入らない物件は、売却しようにも売却できないことになりかねません。ですから、賃貸物件は入居者が入りやすく、売却しやすい物件にすることが大切です。

相続対策になるからと、自分が所有している土地に賃貸アパートを建てるケースがよくあります。しかし入居者が入らず、結局、安い売値で売ら

ざるをえなくなることも珍しくありません。

　周りのアパート、マンションの入居率などを参考にしながら、自分の土地に賃貸物件を建てても高い入居率が望めなさそうな場合は、土地を売却し、都心で駅近のマンションなど入居者が入りやすい物件を購入したほうが無難です。

☑ タワーマンションが相続対策には有効

　先の計算式にあるように、土地より建物のほうが評価額の減る率が高くなります。ですので、たとえば**タワーマンションの1室などが相続対策として有効です**。所有権のある土地の割合が少なく、建物の割合が多いため、効果的に資産を圧縮できます。入居者に人気で流動性の高い、都心で駅近のタワーマンションなどが候補になります。

あとがき

　私たちの税理士事務所にも、これまで多くのご家族が相続税の相談にやってこられました。

　そうしていくつもの家族をみてきた私たちにとって、なによりも大切なことだと思えたこと、それは"家族の絆"でした。相続税への対策そのもの以上に考えなければいけないのは、家族の幸福なのではないかとの思いから、この本を執筆するに至りました。ですから、この本に出てくる大山家のストーリーでは、あえて相続によって生じる家族の人間関係の歪みのようなものを感じていただけるようにつくったのです。

　現在、すでに相続手続きのなかにある人も、これから相続が起きうる人にも、家族とともに考えるからこそうまくいく相続というものを理解いただければと願ってやみません。

　私たちが、相続問題で相談されて家族に対しまずなにより心がけていることこそ、家族の歪みを緩めていくこと、怒りや悲しみといった感情が後々まで残らないようにすることなのです。この本の第8章にあった税理士と家族の姿は、フィクションとはいえ決して作り話なのではありません。こうした過程を経ることなく、家族全員が満足できる相続対策など望むべくもないからです。

　この本を読むことで、ひとつでも多くの家族が、満足のいく相続を完了させ、幸福な関係さえも資産として"相続"していくことができたならば、この本を執筆した意義があったのだと考えています。

2015年春

主な執筆者

筧　悦生（かけひ・えつお）

公認会計士、税理士。慶応義塾大学商学部卒業、早稲田大学大学院商学研究科修了。大原簿記学校公認会計士課に専任講師として勤務後、センチュリー監査法人（現・新日本監査法人）入所。1995年3月、公認会計士登録、1998年7月、税理士登録。2000年8月、株式会社アーケイディア・グループ設立。2001年9月、アーケイディア共同公認会計士事務所（現・清和税理士法人）設立。2004年3月、清和監査法人設立。現在、各社の代表を務める。著書に『アパマン経営で黒字倒産はなぜ起こる？』（実業之日本社）がある。

亀田　敬亨（かめだ・たかゆき）

税理士、相続税診断士。関西学院大学商学部卒業。2001年9月、佐藤裕志会計事務所に入所。2006年1月、新日本アーンストアンドヤング税理士法人（現・ＥＹ税理士法人）に入所。2006年3月、税理士登録。2011年8月、清和税理士法人に入所。2013年7月、同法人のパートナーに就任。

必要書類テンプレート付き
家族 vs 相続税
相続完了までをリアルにシミュレーション

2015年3月10日　初版第1刷発行

著者	清和税理士法人
発行者	桐原永叔
発行所	眞人堂（株）
	〒160-0022 東京都新宿区新宿 1-13-12
	FIRSTビル 5A
	電話　03-5367-0657
	http://www.shinjindo.jp
発売所	（株）実業之日本社
	〒104-8233 東京都中央区京橋 3-7-5　京橋スクエア
	電話　03-3535-4441（販売部）
	http://www.j-n.co.jp
協力	山本貴也
装幀／本文デザイン	デジカル
イラスト	クボタ98
印刷・製本	日経印刷（株）

©2015　Seiwa Certified Public Tax Accountants' Corporation Printed in Japan
ISBN978-4-408-63006-9

実業之日本社のプライバシー・ポリシー（個人情報の取扱い）は、上記アドレスのホームページ・サイトをご覧ください。
本書の一部あるいは全部を無断で複写・複製（コピー、スキャン、デジタル化等）・転載することは、法律で認められた場合を除き、禁じられています。
また、購入者以外の第三者による本書のいかなる電子複製も一切認められておりません。
落丁・乱丁の場合はお取り替えいたします。